刘宇 ◎ 著

哈尔滨方言语法研究

中国社会科学出版社

图书在版编目(CIP)数据

哈尔滨方言语法研究 / 刘宇著 . —北京：中国社会科学出版社，2021.7
ISBN 978-7-5203-8058-4

Ⅰ.①哈… Ⅱ.①刘… Ⅲ.①北方方言—语法—研究—哈尔滨 Ⅳ.①H172.1

中国版本图书馆 CIP 数据核字（2021）第 040682 号

出 版 人	赵剑英
责任编辑	任　明
责任校对	王佳玉
责任印制	郝美娜

出　　版	中国社会科学出版社
社　　址	北京鼓楼西大街甲 158 号
邮　　编	100720
网　　址	http：//www.csspw.cn
发 行 部	010-84083685
门 市 部	010-84029450
经　　销	新华书店及其他书店
印刷装订	北京君升印刷有限公司
版　　次	2021 年 7 月第 1 版
印　　次	2021 年 7 月第 1 次印刷
开　　本	710×1000　1/16
印　　张	13.25
插　　页	2
字　　数	217 千字
定　　价	85.00 元

凡购买中国社会科学出版社图书，如有质量问题请与本社营销中心联系调换
电话：010-84083683
版权所有　侵权必究

序

刘宇来邮件说他的博士论文要出版，希望我能给书写个序。作为他博士论文的指导教师，对这篇论文的"前世今生"我还是比较了解的，所以欣然应允。

刘宇是 2011 年开始在吉林大学跟随我读博士研究生的。入学后他展现出了比较广泛的学术兴趣，对现代汉语语法、方言学、对比语言学、语言类型学等都有所涉猎，特别是对东北方言，表现出了一种很朴素的责任感。所以在他和我研究博士论文选题的时候，我鼓励他可以细致地对东北方言中的一些语法现象进行描写，然后从方言比较的角度来找出其共性和个性，以便我们加深对东北这片土地上语言的认识。

一直以来，东北方言在学术界都没有得到足够重视。这从本书的参考文献就可以看出来。知网上其他官话区的研究论文可谓汗牛充栋，而针对东北方言的研究论文却只有寥寥几十篇，这里面多数还是近十年来的研究成果。究其原因，主要是由于大家觉得它和普通话的差别不大，可关注的点不多，所以研究价值有限。但差别不大不等于没有差别，对它个性的发掘是我们要拼全中国各方言区语法地图的重要一环，毕竟东北土地上生活着超过一亿讲这种方言的人口，这是不容小觑的。所以本书最大的价值就是对哈尔滨方言中较为特殊的语法现象进行了比较全面的梳理，从实词、虚词、特殊结构等方面描写了东北地区生活中习焉不察的方言词语和结构的用法，这里面有些词已经或者正在走进普通话，有些则随着东北方言的"大流行"而被其他方言区的人们所熟悉和使用。

书中对一些词的研究还是很见功力的。比如表程度的后置成分"狭儿"，作者没有只简单地描写它的用法，而是把它放在哈尔滨方言的整个"量度"表意系统中去考察，说明它对这一系统的影响，这种视角是很正确的。再比如特殊的介词"□[ʨʰua²¹⁴]"，这个介词普遍存在于整个东北方言区，在某种程度上来说是东北方言的一个特征词。作者在细致描写这个介词的用法之后，综合运用满汉语资料对这个词的来源进行了分析。殊为难得的是，作者没有基于自己的分析就武断地下结论，而只是提出了一种设想，这是一种科学的态度。其实正像作者在文中所说的那样，"在北方汉语的演变过程中，其与阿尔泰语系诸语言有过广泛且较长时间的接触，很多满语、蒙古语的词本来就借自于汉语"，所以汉语与阿尔泰诸语言之间的影响并不简单，借入之后又借出的情况时有发生。现在很多学者在对汉语词汇进行溯源的时候，遇到困难就轻易下结论说是北方少数民族的影响，本书的态度或许可以作为借鉴。

本书在其博士论文的基础上又做了一定的扩充，主要是加入了对移民史的梳理。虽然作者为了保持整本书的系统性将其作为附录放在了全书的最后，但这部分还是非常必要也是非常重要的。我们知道东北大多数地区的汉族人口都是宋代以后各时期移民的后代，特别是从清初开始的"闯关东"，更是近代史上著名的人口大迁徙。这些人口的来源也非常广泛，除了最多的山东、河北两省外，还有山西、河南甚至湖北、云南等地，这些人口来源的研究对于说清楚东北方言的很多特征具有重要的意义和价值。这方面刘宇也做了很多前期的工作，不仅有文献方面的考察，还有田野调查，这很难得。

看到刘宇能一直扎根于东北方言研究，我很高兴。这来自语言研究者一份朴素的"学术自觉"，希望他能够沿着这条路继续走下去，并且越走脚步越坚实。东北需要自己的方言研究者，我祝福他。

是为序。

柳英绿

2021 年 1 月于吉林大学

中文提要

本书主要以哈尔滨方言中与普通话有差异的语法现象为考察对象,细致地描写其共时层面的用法,努力在文献中寻找历时的来源,并通过对比来加深我们对这些现象"特殊性"的认识。虽然文章定名为"哈尔滨方言语法研究",但文中很多语法现象都广泛地分布于整个东北地区,只是由于作者本人的时间、精力有限,无法去一一核实其使用范围,故以哈尔滨为调查点,希望能够以点带面,加深对整个东北方言语法现象的认识。

本书第一章概述了哈尔滨的人文地理及历史发展情况,并以此为研究的背景材料,明确了本书的研究对象,对本书的定名及研究范围作了说明;针对有人提出哈尔滨方言与北京方言的相似度很高,与空间分布存在矛盾的现象,作者在第一章中尝试通过自己的田野调查结果对此作了初步的解释;本章中还对书中语料的来源和行文体例进行了说明,概述了东北方言研究的现状及取得的成果。

第二章主要论述哈尔滨方言中的实词。作者从人称代词、情态动词、状态形容词、副词等方面对其进行了说明。在人称代词的使用上,哈尔滨方言表现出了既有别于普通话又与东北方言"吉沈片"有所不同的特点,并且旁指代词"人家"在多方面原因的促动下还发展出了话语标记的用法。哈尔滨方言中常用的情态动词"带"具有表示情理上或规则上许可、推测判断某事一定发生、加强语气三种用法,但无论哪种用法,句末的"的"都是必现的成分。情态动词"得"在哈尔滨方言中除了与普通话相同的用法外,还常出现在动词之后,构成"V+得+了"形式,在第二章中作者也对这一现象进行了说明。关于"AB~(的)"式状态形容词前人已经有过一些说明,本书主要是对前人的看法重新做了分析和补充,对一些值得商榷的地方提出了自己的意见,并且认为该形式状态形容词只是"量化"的表现手段之一,广义来看可以认为是汉语的一种形态。关于哈尔滨方言中的副词，作者以列举的方式提出了较有特点的程度副词"贼""诚"、频度副词"一整""盯着"、时间副词"拿着""跟着"、语气副词"指定""左右"等，并从共时和历时两个方面对上面各词进行了较为详细的分析和解释。

　　第三章论述哈尔滨方言中的虚词。主要从介词、语气词、拟声词三个方面展开。介词以列举的方式详细介绍了哈尔滨方言中介词"搁""奔""比""照""□ [ʧʰua²¹⁴]"等的句法语义表现，并从历时的角度分析了它们的语法化过程及相关动因，从方言对比和语音变化的角度说明了其不同义项之间的关系及其类型学意义。哈尔滨方言中的语气词"咋的"有表示"反问"和"确认"两种用法，表示反问的用法一般只适用于是非问形式，具有弱化疑问和增强肯定语气的双重作用；表"确认"的用法则主要用于应答句，从语气上来说有增强肯定的作用。拟声词在哈尔滨方言中也有两种较为特殊的用法，一种是拟声词所模拟的声音虽然能够与句中的主要动词相搭配，但从句中主谓语的搭配情况来看，根本达不到拟声词所表示的声音强度。另一种是语气词表示程度，通过模拟与句中主要动词没有联系的声音来实现其意义，可以认为是抑制拟声词的"能指"，并通过转喻等方式又突出了拟声词的"所指"用法。

　　第四章介绍了哈尔滨方言中的五个特殊结构，分别为发生了语义偏移的"S+得+N+V+了"构式、应答语"可不咋的"、能性结构"（能）V（C）了"形式、哈尔滨方言中的动词重叠形式以及"这/那不是 NP 嘛"结构反问句。"S+得+N+V+了"构式中的名词会偏向"大量"义，这主要是由构式中"主语"的特点和句末"了"的意义共同促成的。应答语"可不咋的"在结构上应该是习用语"可不"与语气词"咋的"连用的结果，在哈尔滨方言中具有"赞成""确认""提醒"等功能，同时该结构还有一系列"家族"成员，文章对它们之间的区别也进行了分析。"VC 了"式能性结构在北方方言中分布得非常广泛，本书对哈尔滨方言中"能"与"VC 了"格式的搭配情况进行了考察，确定了其下属的各种形式所能表达的语义类型，并且通过与普通话中"能"所包含语义类型的对比，确定了"能"与"VC 了"连用时整个"能性"结构的性质。在哈尔滨方言中，"VV"式动词重叠除了可以表示和普通话一样的"小量"义以外，还可以用于反复问句和表示"持续"义，表示"持续"义的重音式动词重叠也普遍存在于汉语的其他方言中，具有类型学意义。"这/那不是 NP 嘛"式反问句在哈尔滨方言中不只有用反诘的语气表示对 NP 肯定的用法，还可以表示一种"相关性"，说明 NP 与你所询问的原因之间关系密切。

第五章主要是作者归纳的本书的创新之处及研究意义，指出了本书的不足并对东北方言研究提出了展望。

Abstract

This thesis, which examines the grammatical phenomena in Harbin dialect that differ from Mandarin, detailedly describes their usage at synchronic level and provides relevant diachronic sources of them from various documents. Comparisons are also made to enhance our understanding. Though the thesis is entitled Study on Harbin Dialect Grammar, many of the grammatical phenomena in question are widely spread in the Northeastern part ofChina. The range of use of them, however, can not be all investigated due to limited time and energy and thus Harbin is chosen for the present study, hoping to promote further study about the grammar of Northeast dialect.

The first chapter gives an overview of human geography and history ofHarbin, setting the study background, defining the study objects, making clear the title of the thesis and the scope of the study. In this chapter, using results gained for field investigations, the author also attempts to provide tentative explanations to the high similarities between Beijing dialect and Harbin dialect, differences that are considered not to be in accordance with spatial distribution of the cities. The chapter also explains the source of data used and the writing style of the thesis. Besides, current situation of study and related achievements are reviewed.

The second chapter focuses on content words ofHarbin dialect, and explanations are made concerning personal pronouns, modal verbs, state adjectives, and adverbs. In the usage of personal pronouns, Harbin dialect differs from Mandarin and has developed unique features compared with Northeast dialect used in Liao Ning and Ji Lin provinces, and the other demonstrative pronoun, "*ren jia*" (人家), can be used as a discourse marker. The commonly used modal verb "*dai*" （带） has three semantic meanings: permission in reason and rules, definite inference and judgment about something that is going to happen, and intensification of tone. Whichever meaning it is used to convey, there must be a "*de*" （的） at the end of the sentence. In addition to the same usage as in Mandarin, the modal verb "*dei*" （得） is also used after verbs, forming the "*V + dei + le*" structure, which the author has elaborated on in this chapter. While studies about the "*AB~* （*de*）" state adjectives have been done by previous scholars, the author reanalyzes it and provides further understanding, putting forward his opinion about what is open to discussion. The author believes that state adjectives of this structure is one way to show quantification in Chinese and in a broad sense can be regarded as a form of the Chinese language. As to adverbs in Harbin dialect, examples are cited to illustrate degree adverbs like "*zei*" （贼） and "*cheng*" （诚）, frequency verbs like "*yizheng*" （一整） and "*ding zhe*" （盯着）, time adverbs like "*na zhe*" （拿着） and "*gen zhe*" （跟着）, modal adverbs like "*zhi ding*" （指定） and "*zuo liu*" （左右）, and so forth. From synchronic and diachronic perspectives, detailed analysis and explanation are made about each of these adverbs.

The third chapter chooses functional words in Harbin dialect as its focus and studies are conducted mainly about prepositions, modal particles and onomatopoeic words. Examples are cited to illustrate the syntactic and semantic functions of propositions in Harbin dialect like "*ge*" （搁）, "*ben*" （奔）, "*pi*" （比）, "*zhao*" （照） and "□ [tʃʰua²¹⁴]". From diachronic perspective, their grammaticalization processes and contributing causes are analyzed, and from the perspective of dialect contrast and phonetic change, explanations are provided about the relation between their different meanings and the typology significance. The onomatopoeic word "*za di*" （咋的） in Harbin dialect can be used as a rhetorical question or a confirmation. When used as a rhetorical question, it often appears in a non-question form, weakening the question tone and strengthening the affirmation. When used to show confirmation, it is mainly used in response, strengthening the affirmation. Onomatopoeic words have two distinguishing features in Harbin dialect. One is that sound intensity of the onomatopoeic words cannot be achieved in terms of subject-predicate collocation, though they can be used together with the main verbs in the sentence. The other is that onomatopoeic words are used to show degree, by imitating sounds bearing no relation to the main verb in the sentence. This could be regarded as suppressing the signifier of the onomatopoeic words and highlighting the signified through other ways like metonymy.

The forth chapter is aboutfive special structures in Harbin dialect, namely, "*S+dei+N+V+le*" structure, which has experienced semantic derivation, "*ke bu za di*" (可不咋的) structure used as response, and the possible structure of "(*neng*) *V* (*C*) *liao*". The nouns used in "*S + dei + N + V + le*" structure usually tend to be something in large amount or quantity, which is caused by the feature of the subject and "*liao*" (了) at the end of the sentence. The response "*ke bu za di*" (可不咋的) is formed by combining "*ke bu*" (可不) and "*za di*" (咋的), and is often used to show approval, affirmation, reminding, etc. This structure has a series of family member, and the differences between them are analyzed in this chapter. The possible structure "*VC liao*" is widely used in Northeast dialect. In this study, inquiry is conducted about the collocation of "*neng*" (能) and "*VC liao*" in Harbin dialect, defining the semantic meanings of it subordinate forms. By comparing this structure with the semantic types conveyed by "*neng*" (能) in Mandarin, the possibility property of "*neng*" (能) used in combination with "*VC liao*" is determined.

The fifth chapter summarizes the innovations and significance of the present study, points out the limitations of this thesis and expresses hopes for future studies about Northeast dialect.

目　　录

第一章　绪论 ………………………………………………………（1）
　第一节　哈尔滨的人文地理概况 ……………………………………（1）
　第二节　本书所研究的哈尔滨方言 …………………………………（2）
　　一　本书的研究对象 ………………………………………………（2）
　　二　本区域方言的形成 ……………………………………………（3）
　第三节　东北方言语法研究概述 ……………………………………（8）
　第四节　本书的语料来源及行文体例 ………………………………（10）
　　一　本书的语料来源 ………………………………………………（10）
　　二　本书的行文体例 ………………………………………………（10）
第二章　哈尔滨方言中的实词 ……………………………………（12）
　第一节　哈尔滨方言中的人称代词 …………………………………（12）
　　一　哈尔滨方言中人称代词的使用情况 …………………………（12）
　　二　代词"人家"在哈尔滨方言中的演化及其动因 ……………（14）
　第二节　哈尔滨方言中的情态动词 …………………………………（23）
　　一　哈尔滨方言中的情态动词"带" ……………………………（23）
　　二　哈尔滨方言中的情态动词"得" ……………………………（27）
　第三节　哈尔滨方言中的状态形容词 ………………………………（34）
　　一　状态形容词在哈尔滨方言中的表现形式 ……………………（34）
　　二　"AB～（的）"类状态形容词的本质 ………………………（35）
　　三　"AB～（的）"类状态形容词的格式意义 …………………（37）
　第四节　哈尔滨方言中的副词 ………………………………………（43）
　　一　哈尔滨方言中的程度副词 ……………………………………（43）
　　二　哈尔滨方言中的频度副词 ……………………………………（67）
　　三　哈尔滨方言中的时间副词 ……………………………………（81）

四　哈尔滨方言中的语气副词……………………………(86)

第三章　哈尔滨方言中的虚词……………………………………(98)
　第一节　哈尔滨方言中的介词………………………………(98)
　　一　"搁"………………………………………………(98)
　　二　"奔"………………………………………………(107)
　　三　"比"与"照"……………………………………(110)
　　四　"□ [ʨʰua²¹⁴]"……………………………………(114)
　第二节　哈尔滨方言中的语气词和拟声词…………………(117)
　　一　哈尔滨方言中的语气词"咋的"…………………(117)
　　二　哈尔滨方言中的语气词"哈"……………………(119)
　　三　哈尔滨方言中拟声词表程度的用法………………(123)

第四章　哈尔滨方言中的特殊结构……………………………(127)
　第一节　哈尔滨方言中的"S+得+N+V+了"构式…………(127)
　　一　"S+得+N+V+了"构式的特征……………………(127)
　　二　该构式意义的形成…………………………………(128)
　第二节　哈尔滨方言中的应答语"可不咋的"……………(129)
　　一　应答句"可不咋的"的结构分析…………………(131)
　　二　"可不咋的"在哈尔滨方言中的篇章功能………(133)
　　三　"可不咋的"类应答句的家族成员………………(137)
　第三节　哈尔滨方言中"（能）V（C）了"式能性结构…(140)
　　一　"能性"范畴的内部类别…………………………(140)
　　二　哈尔滨方言中"（能）V（C）了"类"能性"
　　　　结构及其意义类别……………………………………(141)
　　三　从所包含语义类型看"（能）V（C）了"格式的
　　　　性质………………………………………………………(146)
　第四节　哈尔滨方言中的动词重叠形式……………………(147)
　　一　VV 式表时量短或动量少…………………………(147)
　　二　VV 式表反复问的用法……………………………(148)
　　三　VV 式表持续的用法………………………………(150)
　第五节　哈尔滨方言中"这/那不是 NP 嘛"结构反问句……(155)
　　一　该用法的语义与浮现机制…………………………(156)

二　该结构的篇章功能及对 NP 的选择……………………（158）
　　三　该结构的语用价值与形成动因……………………（159）
结语………………………………………………………………（164）
　　一　本书的创新及意义……………………………………（164）
　　二　本书的不足和展望……………………………………（165）
附录………………………………………………………………（168）
参考文献…………………………………………………………（184）
后记………………………………………………………………（195）

第一章 绪论

第一节 哈尔滨的人文地理概况

哈尔滨市位于黑龙江省南部，松嫩平原的东南缘，是黑龙江省的省会，也是我国目前省辖市中面积最大、人口居第二位的特大型城市，城市所处经纬度为东经125°42′—130°10′，北纬44°04′—46°40′。全市下辖9区9县（市），市区面积7086平方公里，截至2013年年底，在哈户籍总人口995.2万人，市辖区人口473.6万人，区域内居住有48个民族，其中少数民族人口66万人。

哈尔滨市区地势低洼、平坦，北部为小兴安岭山区，东部县（市）多山及丘陵，东南临张广才岭余脉，中部则有松花江通过，平原辽阔，河流纵横。哈尔滨属于中温带大陆性季风气候，冬长夏短，四季分明。春季风大干燥，一年中的降水主要集中在6月至9月间，占全年降水总量的70%以上。哈尔滨冬季天气寒冷，全年无霜期150天，结冰期190天，因此素以"冰城"闻名中外。

哈尔滨是一座新兴的城市，建市只有100多年的时间。但该区域内历史上也曾经有比较繁盛的时期，辽朝天祚帝天庆五年（公元1115年），完颜阿骨打称帝，国号大金，建元收国，定都会宁（即今哈尔滨市阿城区阿城镇南）。当时哈尔滨地区的政治、经济、文化有了空前的发展，那一时期居民主要集中在何家沟、马家沟、运粮河和阿什河等河流沿岸，并出现了几个古城，分别是位于今道里区群力新区四方台村南的"四方台古城"、松北区万宝镇后城子村北的"万宝古城"、道里区太平镇松山村西的"松山古城"、平房区平新乡平乐村正黄三屯西的"平乐古城"、香坊区幸福乡莫力村东"莫力街古城"等，元、明两朝古城仍很繁荣。

及至清代，随着东北地区的旗人"从龙入关"以及清政府对东北地区实行"封禁"政策，哈尔滨区域内的文明出现了大倒退。直到道光年间东北的封禁逐渐松弛后，才又有大批人口迁入呼兰河下游及阿什河一带。据《哈尔滨市志·总述》记载："光绪二年（1876年）仅哈尔滨松花江北岸的水师营官屯及附近各村，即有3730户28257人（民人或不在册的丁、户尚不在内）。那时，全哈尔滨地区已有村屯百余个，人口至少在5万人。"① 由于那一时期居住分散、人口总量较少，没有统一的行政区划，所以还不是一座现代意义上的城市。

1898年6月，中东铁路的修建开启了哈尔滨城市化的进程。随着中东铁路管理局迁至哈尔滨，大批工程技术人员、筑路工人及护路部队士兵涌入此地，哈尔滨区域内人口骤增，到1903年中东铁路建成通车时哈尔滨的人口总数已达7万以上，城市建设初见规模。之后，随着日俄战争中哈尔滨作为沙俄的后方基地、俄国"十月革命"大量白俄贵族流亡至此，哈尔滨的民族工商业得到了极大的发展，用工短缺，加之这一时期关内各省连年兵荒马乱、天灾不断，大量流民前往关外，聚集到哈尔滨，使得哈尔滨的人口再次增加，至日本侵占哈尔滨前，该区域的人口数已达30万上下，其中俄侨占17%左右，哈尔滨踏入了城市建设的快车道并发展至今。

第二节　本书所研究的哈尔滨方言

一　本书的研究对象

本书的名称虽为"哈尔滨方言语法研究"，但研究的语法现象却不仅存在于哈尔滨及其周边地区，很多是整个东北官话区内普遍存在的现象，之所以取这样一个名称，而没有采用"东北方言语法研究"，主要是基于以下两方面的考虑：

---

① 相关材料可查阅"龙志网"，http：//218.10.232.41：8080/was40/detail?record=9&channelid=21542&back=-1。

一是为了使研究对象更加明确。在语言研究中大家都深深地感到"言有易、言无难"。对于地域方言,更是研究的面积越大、采样越难以把握,因此现在很多方言研究都以县作为基准单位。本书由于作者时间、精力有限,无法对相关语法现象逐一在东北方言区全境核对,故以哈尔滨作为调查点,以点带面,既保证了研究的科学性与准确性,又能推动整个东北地区方言语法研究的进展。

二是东北方言内部在语法方面的确存在差异。康瑞琮(1987)在谈到东北方言的反复问句时就发现"在东北方言中有'VP 不'和'VP 不 VP'两种形式,但在口语的反复问句主要是'VP 不'型"。而从我们的调查结果来看,哈尔滨方言的反复问句几乎不用后省式"VP 不"形式,"VP 不 VP"式用得也很少,最常见的是前省式"V 不 VP",康文中提到的用法应该主要集中在东北方言的吉沈片。因此如果贸然以"东北"冠名就容易忽视这其中的差异,以致偏颇。

二 本区域方言的形成

选择哈尔滨方言作为研究对象,也是由哈尔滨方言自身的特点决定的。尹世超先生(2002)曾以哈尔滨话与北京话在共时平面上的相似性来说明哈尔滨话是和北京话最为接近的一种特大城市方言,这的确也是网络上很多非语言学背景的人普遍的听感印象,但作为东北方言区内的一个重要城市,哈尔滨方言也体现着东北方言在用词和句法方面很多共性的东西,听感印象恐怕更多是基于语音而非词法和句法。

(一) 共性特征的形成

从共性的形成上来看,哈尔滨处在东北方言区内,其初期的人口来源与东北其他地方并无区别,因此语言上当然会保持基本的一致性。

一般谈东北地区的汉语来源,都是从辽代谈起,如林焘(1987)、邹德文(2009)等。辽代以后,随着北方少数民族政权不断南袭,掠夺财物与人口,大量幽燕地区的汉人被迫进入东北,广泛分布在松花江以南地区,这些人所操的应该主要是幽燕地区的方言。具体到哈尔滨周边地区至迟应该在金代就已经广泛使用汉语了。因为金代与辽代相同,在与中原地区进行战争后一般都会把当地的官员和百姓强制东迁,称为"实内地"。

《金史·张觉传》记载有"太祖每收城邑,往往徙其民以实京师",这里的"京师"指的就是今哈尔滨市阿城区的"金上京"遗址,可见由于建都的地点不同使得金代所迁中原汉人的安置地较辽代更向北移。李兴盛(1990:22)在总结辽金两代"流人"差别时也说,除了金代流人数量远比辽代多以外,戍所也"集中在黑龙江之地",因此金代初期哈尔滨周边地区使用汉语的人群在数量上应该已经相当庞大。这也反映在当时一些对于金代统治者语言使用情况的记录中,林焘先生在《北京官话溯源》一文中曾举过《金史·世宗本纪》中的例子,恰好可以说明哈尔滨周边地区当时的情况:

> [大定十三年]四月,上御睿思殿,命歌者歌女直词。顾谓皇太子及诸王曰:"朕思先朝所行之事,未尝暂忘,故时听此词,亦欲令汝辈知之。汝辈自幼惟习汉人风俗,不知女直纯实之风,至于文字语言,或不通晓,是忘本也。"

"大定十三年"即公元1173年,距离迁都燕京不过二十年,其皇太子完颜允恭迁都时就已经六岁,其他诸王同辈与他年龄也应不相上下,那么其"自幼惟习汉人风俗"就应该是在迁都前的金上京时期,也正是由于幼年时的汉语环境才使其女真的"文字语言,或不通晓"。因此金代在迁都前,汉语应该已经在哈尔滨周边区域的语言使用中占据优势地位。

(二)个性特征形成的原因

元、明、清三朝或是由于劫掠强迁,或是由于天灾逃荒,东北汉人的数量一直居高不下,① 但我们感兴趣的还是前面提到的尹世超先生(2002)的观点——哈尔滨话是与北京话最为接近的特大城市方言。从空间上来说,哈尔滨是东北地区与北京距离最远的特大城市,中间不仅隔着河北,还有辽宁与吉林,为什么哈尔滨话与北京话相似度如此之高呢?邹德文先生(2009)在分析这一问题时认为可能有两个历史事件在其中起到了重要的作用,即"驿站设立"与"京旗回屯",那我们就基于历史材料与田野调查结果从历时和共时两个方面来看一下这一提法的合理性。

---

① 具体的数量、比例说明请参见邹德文(2009)。

先来看"驿站设立"。清代为了使中央的政令能够更加快速地传达到全国、将地方的信息迅速汇集到京城,在各地都建立了驿站,也即所谓的"跑马送信"。康熙二十四年(1685),随着沙皇俄国不断觊觎我国东北地区,战争迫近,康熙皇帝感到在中俄接壤的广大地区设立驿站非常重要。

>……凡丈量当以五尺为度。今程途太远,令包奇等再驰驿前往,详加丈量。至是,包奇等奏,自吉林乌喇城至黑龙江城以五尺细丈,共一千三百四十里,应设十九驿。①

从此驿站在黑龙江地区建立起来。关于站丁的来源,史料上记载多为"三藩"叛乱中的降卒及其家属,如《奉天通志》中有"台丁、站丁等项旗人均系清初三藩降卒,当时由云南拨来八百八十四户,分布边台守边、挑壕、驿站传递文书"。虽然这些兵丁多为吴三桂带去的北方籍士兵及其子孙,但由于长期镇守云南,加之这些士兵本身籍贯也并非一处,② 因此很难与北京地区语言面貌直接扯上关系,这一判断也与我们田野调查的结论相一致。

2004年10月,笔者曾与南京大学的陈立中教授一起对黑龙江省肇源县茂兴镇的站话情况进行了将近一个月的调查。2005年5月又进行了一次补充调查。从我们调查的结果看,站话与哈尔滨周边地区方言整体上存在较大差异,如站话中平翘舌音相混的程度要比哈尔滨周边地区严重得多,少数见组字像"蕊、瑞、扔"等在哈尔滨周边地区声母中读舌尖前音而在站话中读舌根音。在语音方面的诸多差异中,最明显的要数声调。站话的阴平和阳平调无论从调型上还是调值上与哈尔滨周边地区乃至整个东北地区都不一致,我们将其分别拟为"412"和"445",带有曲折型特征。再加上清代对站丁的管理非常严格,至今在站人中还流传着当年对其制定的"三不准"原则——站丁不准参加科举考试、不准当官、不准走出百里之外。因此空间上站人一直呈线形分布,很难对哈尔滨周边地区的方言形成构成影响。

---

① 《清实录·圣祖实录》,中华书局1985年版,第281页。
② 这一结论是从我们的田野调查结果中得到的,我们对茂兴站的调查中发现茂兴站赵氏的祖籍为山西赵城,后移民到山东省莱州府平度县马戈庄,而茂兴杨氏的祖籍则是云南省贵州府。

那么我们再来看一看"京旗回屯"对哈尔滨及其周边地区方言形成可能造成什么样的影响。清代实行"八旗制",入关后的满洲贵族,为了能够稳固其对汉族的统治、使八旗兵丁可以全身心地投入军事作战而无后顾之忧,建立了一套以官俸、兵饷、土地收益为三大支柱而又互相补充的优惠制度,以期一劳永逸地解决各级旗人的生计问题。但这种衣食住行国家"全包"的政策导致旗人丧失了自我谋生能力,除披甲当兵外无所擅长。"三藩之乱"后几十年的休养生息,使旗人人口迅速增长,这与相对固定的兵额形成了巨大的人口差,所以到了乾隆初年,相当一部分中下层旗人已到了"无钱粮,而又无产业,实无糊口之资"①的地步。为解决越来越多闲散旗人的生计问题,清朝统治者决定以外迁的形式使其离开京城,并给予土地、物资,变"官养"为"自养"。因外迁的地点选在满族龙兴的关外,人员又以屯垦的方式进行管理,故称为"回屯"。乾隆六年(1741)五月,清廷派大学士查郎阿、侍郎阿里衮前往东北勘察适合移民屯垦之所。最终,清廷确定了拉林-阿勒楚喀周围800余里土地作为移驻地点。而清代的拉林-阿勒楚喀地区不是一个严格的地理概念和行政概念,它大体相当于今天的黑龙江省哈尔滨市南岗区红旗满族乡、五常市拉林满族镇、营城子满族乡、背荫河镇、牛家满族乡和阿城区的杨树乡、蜚克图镇、料甸满族乡等。

在回屯人员上,依照"平素守分、持家勤俭"和"挑选有妻及独户之人"的原则进行选派,并给予优厚待遇,每户除"照例拨给口米、马料外,另有车各二辆、银八十两"②。乾隆九年(1744)七月底,回屯的准备工作基本就绪。八月二十日,首批750户京旗如期启程,当年十月下旬陆续到达。翌年,又移驻了250户,两年合计移驻1000户。③乾隆十八年(1753),乾隆帝问询吉林将军傅森是否可再移驻,傅森回奏,拉林-阿勒楚喀附近土地肥沃,可垦地"计三千余顷,可设村落四十八处,足容三千户,请于现驻一千名外,再派驻三千户"④,但从乾隆二十一年(1756)至乾隆二十四年(1759),原计划分六批、每批500户的移驻计

---

① 《内阁大库档案》,乾隆五年十二月十六日。
② 第一历史档案馆藏军机处满文录副奏折,第610卷10号。
③ 《清高宗实录》卷225。
④ 《清高宗实录》卷475。

划只进行了四批共计 2000 户后就因为出现大量私自返京者而难以进行了。这以后又曾经有过两次规模较小的回屯，即从道光四年（1824）开始，清廷陆续向拉林-阿勒楚喀及周边地区移驻的 698 户闲散旗人，① 光绪年间又移驻了 9 户。②

从 2011 年起，笔者与哈尔滨师范大学的梁晓玲副教授一起对这一地区的方言情况进行了较为细致的调查。从我们调查的结果来看，这一方言岛（我们称为"拉林-阿勒楚喀京旗方言岛"）的确保存着与东北其他地区不太一致的方言特征，如：

(1) 比较严格地区分 ts、tsʰ、s 与 tʂ、tʂʰ、ʂ。黑龙江方言中存在着平翘舌相混的现象，如暂、走、税、水、春等均有发平、翘舌两种音的情况。但在该方言岛内对该项规则区分得较为清楚，各母所辖字亦与北京话相同，如"责泽淄责"均音 ts；"测策册篡"均音 tsʰ；"森所搜色"均音 s。

(2) 黑龙江方言多数将 r 声母读作零声母，如：人＝银、染＝眼、让＝样、软＝远、肉＝幼等，该方言岛内均读作 r 声。

(3) 黑龙江方言中多数读 v 的合口呼字，本方言岛多数读零声母，如 v-u、va-ua、vai-uai、vei-uei、van-uan 等。

该方言岛与周边黑龙江方言声调区别明显。虽然都有阴平、阳平、上声、去声四种调型，但黑龙江方言调值普遍较低，大概为阴平（33 或 44）、阳平（24 或 35）、上声（212 或 213）、去声（53 或 52）。③ 拉林-阿勒楚喀方言岛的音高则普遍较高，上声调曲折特征明显，应该是介于黑龙江方言与老北京音之间，并且更接近于北京音。

除了声韵调以外，该方言岛的满族居民发音还多儿化现象和元音鼻化现象。"儿"尾与前一语素共处于一个音节中，并使前一音节带上卷舌色彩，如"话儿、词儿、台儿、丝儿、权儿、字儿"。元音鼻化则是在儿化韵中，后鼻音韵尾的韵母儿化后，一般鼻尾消失，主元音鼻化并承担卷舌

---

① 长顺：《吉林通志》卷 29。
② 《清代黑龙江历史档案选编》，黑龙江人民出版社 1986 年版，第 181 页。
③ 郭正彦：《黑龙江方言分区略说》，《方言》1986 年第 3 期。

动作，这也和老北京音的特点基本相同。

　　基于以上特征，我们相信，迁回哈尔滨周边地区居住的京旗的确应该在哈尔滨方言的形成过程中起过相当大的作用。那么这里还有一个问题，为什么哈尔滨方言没有出现像北京话那样多的儿化和元音鼻化现象呢？我们从本地老人的口中得知，在他们小时候，哈尔滨地区的居民大致可以分成三类：第一类是旗人，那时的旗人家庭还保存着很多满族的生活习惯，如不吃大酱吃盘酱，住房也是南北炕住人、西炕供神，所以很好区分。第二类是"此地人"，"此地人"也是汉族，但他们中很多人已经说不清楚自己的家世来源，按照中国敬祖先、重传承的习惯，说不清祖籍地一般是迁移到此处三四代以后才可能发生，因此"此地人"就应该是清中期以前移居本地的"土著汉人"，他们的语言符合整个东北地区汉语的普遍特征。第三类是后期移民，一般口语中称为"后来的"，他们"闯关东"逃荒至此，经济上处于劣势地位。在这三类人中，往往是"此地人"的经济状况最好，"后来的"主要为其当长工维持生活，而"旗人"此时由于缺少一技之长，很多在经济上也都逐渐陷入困境。经济地位的差异决定了其语言特点保存的数量，"后来的"子女为了更好地和"东家"沟通，积极习得本地的语言，"旗人"经济状况的衰落也使其仅对哈尔滨周围地区的语言某些方面产生了影响而没有完全占据优势地位，因此哈尔滨话既有东北方言的很多共同特征，又与吉沈片在语音面貌上有较大差异，成为与北京话最接近的中国特大城市方言。

第三节　东北方言语法研究概述

　　在上一节中笔者已经强调过，本书所研究的语法现象很多并非哈尔滨方言所独有，而是代表着整个东北地区的普遍情况，因此本节我们也将针对整个东北方言的语法研究情况进行说明。

　　学术界多数将东北方言划入北京官话区，没有给东北方言以独立的地位，使得东北方言长期笼罩在北京官话的"阴影"中，研究成果十分有限。尤其是对于语法的研究更是乏善可陈，仅有的一些研究主要集中在词法方面，特别是对词缀的研究，如尹世超先生（1998）就列举了哈尔滨方言里较有特色的词缀，其中包括名词词缀"大老"、单音后缀"子"

等，王立和（1983）、孙也平（1995）、邱广君（1998）、盛丽春（2007）、刘珊珊（2013）等都对东北方言中较有特色的动词后缀"巴"进行了研究，从其构词能力、语法功能、语用特点、使用条件等多方面进行了阐释。王红梅（2003）关注到在吉林洮南方言中有一个特殊的后缀"的"，它分别可做名词、动词和状态形容词三类词的后缀，并详细说明了该词缀对语义等方面的要求。真正跳出传统研究视域、将东北方言词缀放到广阔的类型学视野中去的是马彪先生，他在《汉语状态词缀及其类型学特征——兼与其他民族语言比较》一文中，从汉藏语系的整体视角出发，对汉语中状态词缀的性质进行了归纳，认为此类词缀是介于构词词缀与构形词缀之间的一种语用词缀，并将普通话、北京方言、哈尔滨方言中的词缀进行了比较，极大地拓展了东北方言词缀研究的视野。另一篇研究视角比较新颖的文章是高晶一的《从沈阳话单字双音节白读看其塞尾音的遗存》，虽然该文并没有专论词缀，但文中很多所谓"单字双音节"的情况就是东北方言中的状态词缀，对这种状态词缀的来源学术界一直难以给出合理的解释，高文从古音演变、入声塞音韵尾遗存的角度切入，为后人提供了一种全新的研究思路。

除了对词缀的研究以外，东北方言语法中几个特征词也是大家研究的重点，如王凤兰（2007）、崔蕾（2008）、梁玉琳（2009）、周红（2011）、于欢（2011）、邢娜（2012）、杨春宇（2013）、顾静瑶（2014）等从语义特征、语用功能、概念整合等多个角度对东北方言中的泛义动词"整"进行了研究。尹世超先生（2008）曾对东北方言中的"咋"及其相关格式进行了详细的描写和分类，从句法、语义、语用等多角度对"咋"进行了全景化的展示，并与普通话中的"怎""怎么"进行了比较。其他如"贼""老""搁"等也都进行了专词的研究。

在研究句法结构的论文方面，康瑞琮（1987）是较早的一篇，该文详细地描写了反复问句在东北方言中的形态，但文中将"后省式"——"VP 不"型作为整个东北方言共同的句法特征确实值得推敲。王红梅（2005）介绍了东北方言中动词重叠表持续的现象，并指出了表持续义动词重叠的构成条件。王光全（1991）讨论了东北方言中几种特殊的语法现象，如动词贬义描摹体在东北方言中的四种形式，东北方言中的代谓词"的"的使用等。陈一（2014）从表层的形式特征、篇章功能、分布及来源等几方面对东北方言中一个很有特点的结构形式"讲话了"进行了详细的说明，分析透彻、论据充分，堪称东北方言语法研究中的典范之作。

第四节　本书的语料来源及行文体例

一　本书的语料来源

本书中方言语料的来源主要有三种：一是从约 60 小时本地日常生活谈话录音中选取。二是通过本地人核实的自拟例句，这类"本地人"的选取标准为其父母双方均在本区域出生成长、其自幼未长期外出生活过的 40 岁以上的本地人。三是《哈尔滨方言词典》《哈尔滨市志·方言》等研究哈尔滨语言状况的工具书中的例句。

古代汉语语料来自北京大学中国语言学研究中心"古代汉语语料库"和由陕西师范大学历史文化学院制作的《汉籍全文检索系统》（第四版），但例句后仍标古籍出处，以便于了解语句相关背景信息。

感谢调查对象对本文所做的贡献：

郑红良，男，1953 年生于哈尔滨市道里区，原为哈尔滨市食品厂工人，现已退休，一直在哈尔滨居住，未长期外出过。

张广福，男，1955 年生于哈尔滨市松北区，松北区万宝镇万宝村农民，一直在哈尔滨居住，未长期外出过。

李瑞林，男，1957 年生于哈尔滨市道外区，原为哈尔滨市建北厂工人，现已退休，一直在哈尔滨居住，未长期外出过。

姜淑琴，女，1960 年生于哈尔滨市道外区（原太平区），原为哈尔滨市第一机床厂工人，现已退休，一直在哈尔滨居住，未长期外出过。

二　本书的行文体例

本书汉语发音采用国际音标记音，对于本字不明的情况以下列两种方式处理：

（1）用同音字并下加横线。

（2）无适合的同音字，用"□"示缺，并标注国际音标。

涉及的个别满语词发音采用国际上通行的"穆麟德夫"转写符号。

国际音标一律加［　］以便与"穆麟德夫"转写符号区分。

由于哈尔滨方言与普通话差别不大，一般的例句不会影响读者理解。如遇到可能出现理解困难的方言词句，则其后用普通话标示其意义，普通话的意义加在括号内以示区分。

"﹡"代表其后的句子不合法。

"？"代表其后的句子接受性较差。

第二章　哈尔滨方言中的实词

第一节　哈尔滨方言中的人称代词

按照指代功能来划分，可以将代词分为人称代词、指示代词和疑问代词。从我们的考察结果来看，哈尔滨方言中的指示代词与疑问代词和普通话差别不大，而有一些人称代词的用法比较有特色，因此本节将着重分析哈尔滨方言中人称代词的使用及个别词的特点。

一　哈尔滨方言中人称代词的使用情况

典型的人称代词可以分为第一人称、第二人称、第三人称三类，同时又各自有单复数的区别。在普通话中，第一人称的复数形式"我们"和"咱们"是有差别的，其中"我们"在称代上既可以包括受话人（即所谓的"包括式"），也可以不包括受话人（即所谓的"排除式"），"咱们"则只能是"包括式"不能是"排除式"。但在哈尔滨方言中，"我们"和"咱们"的使用范围却是泾渭分明，"我们"在称代时一定是排除对方的，不再具有两属的性质。

夏历、李霞（2013）介绍了沈阳人在使用第一人称"我"和"咱"时的特点，在沈阳人言语交流中"咱"和"我"的使用经常发生错位的情况，即"亲兄弟姐妹之间谈及共同的父母、朋友时，会使用让人感觉非嫡亲关系之间使用的'我爸、我妈''我朋友'；朋友之间谈及非共同的父母、男女朋友时，使用给人感觉关系很亲密的'咱爸、咱妈''咱对象''咱朋友'等"。所以第一人称"我"的应用范围在沈阳方言中相对狭窄，其实这种现象不只在沈阳一地独有，据我们考察它普遍存在于东北方言吉沈片所属的城市市区内。

　　夏文对这一现象的影响因素和产生原因进行了分析。从影响因素上看，该用法与受教育程度、居住时间等社会变量的关系最为紧密，而与职业和性别等变量关系则较小。按照他们的调查结果，初中以上受教育程度的沈阳市民更倾向于使用普通话中的用法，而受教育程度在初中以下的还是倾向使用上面所说的"错位"的方式。居住时间则是时间越长越倾向于使用这种本地的特殊用法。至于这种用法产生的原因，夏文认为主要是受少数民族语言影响和说话方希望拉近心理距离。少数民族语影响主要指蒙古语和满语，笔者在这里对夏文中的观点进行一些补充。李作南、李仁孝（1993）曾经通过分析《蒙古秘史》中汉语和蒙古语的对译来说明蒙古语第一人称复数"包括式"和"排除式"的差别对汉语中"我们"和"咱们"功能区分产生过非常大的影响，而根据吕叔湘先生《近代汉语指代词》中的考察，元代文献中"单数的咱相当常见"，这种表示单数意义的第一人称代词"咱"就和今天沈阳地区朋友之间谈及非共同的父母、男女朋友时使用"咱爸、咱妈''咱对象''咱朋友'"的用法很接近。满语和蒙古语同属阿尔泰语系，在第一人称复数上也存在"包括式" muse 和"排除式" be 的区别。虽然我们没有直接的书面证据来说明满语中的 muse 和 be 在用法上也存在"变异"，但作为满族的龙兴之地、曾经的都城"盛京"，"满式汉语"用法在当地留下一些痕迹是有可能的。笔者对《清文指要》中的"我们"和"咱们"用例进行了统计，其中"我们"包括"我们俩"一共出现了 166 次，而"咱们/喒们"出现了 276 次，可见当时重礼数的旗人还是更倾向于用"咱们"。用"咱"来指代单一一方以拉近心理距离的情况在普通话中也存在，一般指代的是受话人一方，如"这日子没法过了，咱和他离婚"，离婚显然是夫妻两个人的事情，这里用"咱"更多是为表达"休戚相关"的语用效果。沈阳方言中说话人将自己的亲属称为"咱某某"则是起到"由我及你"同时也"由你及我"的效果，拉近了双方的心理距离。

　　虽然同属东北地区，但哈尔滨方言中并无类似现象，同时哈尔滨方言中也没有东北方言区内常见的第一人称代词"俺"。这都可以看做是东北方言区内部的差异现象。

二 代词"人家"在哈尔滨方言中的演化及其动因

（一）代词"人家"在普通话中的用法

要确定哈尔滨方言中"人家"用法的特殊性，我们首先要来看看它在普通话中的用法。根据吕叔湘先生（1980：406），"人家"的主要用法如下：

（1）泛称说话人和听话人以外的人，和"自己"相对，大致相当于别人。
（2）称说话人和听话人以外的人，所说的人已见于上文，大致等于"他"或"他们"。在名词性成分前加"人家"语气较生动。
（3）称说话人自己，等于"我"，稍有不满的情绪。

在刘月华、潘文娱、故韡（2001：77）中，也有类似的解释：

（1）泛指第三人称。
（2）"人家"用来确指第三人称，所确指的人都在上文提到过

有时可与指人的名词（短语）连用，构成复指成分。

（3）"人家"还可以用来确指第一人称，指说话人自己。这种用法多为年轻的妇女们所常用，有娇嗔、亲昵的意味，只用于口语。

上述解释主要是对"人家"能够指代的对象所做的说明。从释义的内容上看，只有在提到其指称已见于前文的第三人称时，才从组合关系上做了说明，"有时可与指人的名词（短语）连用，构成复指成分"，即它可以与除说话人与听话人以外的指人名词（或短语）构成同位结构共同充当句子成分。这从其所举的例句中也可以得到证明，如：

人家姑娘说话办事总站在理上。（《现代汉语八百词》）

人家五车间不单生产好，文化体育活动也搞得热火朝天。
(《现代汉语八百词》)
看人家小华多有礼貌啊！(《实用现代汉语语法》)
人家王大叔南征北战几十年，什么地方没去过！
(《实用现代汉语语法》)

刘街生（2000：18）则直接指出"泛称代词和人称代词这两类指别性强的代词一般不能进行同位组构，反身代词和自身代词这两类复称性强的代词一般也不能进行同位组构"，其在后面所举例子中提到了"人家你""人家他""人家你们""人家咱们"等都是不合语法规范的结构。

可见在普通话中，代词"人家"语法上或者单独充当主、宾、定语等句法成分，或者和表第三人称的名词性成分进行同位组构后再充当句法成分。

(二)"人家"在哈尔滨方言中的特殊用法

在哈尔滨方言中，"人家"却存在下面的用法：

(1) 后续句的主语为第一人称"我"，也可以是复数形式"我们"，这种用法在我们搜集到的语料中最为常见。如：

A：你来干啥来了？
B：人家我跟我女朋友约会，有你啥事呀？

(2) 后续句的主语为第二人称"你"或者"你们"：

A：老张家哪有钱呀，朝他家还能借来钱？
B：人家你说的是前趟房老张家，我说的是老张我四姐家。

(3) 后续句的主语为表事物的名词，名词前一般有指示代词等定指成分：

A：你这是要给领导送礼呀？
B：啥送礼呀，人家这东西是我捡的，我正打算上交呢。

（4）后续句的主语为单独的指示代词：

　　A：这不是写着吃一百送一百吗？
　　B：哈送一百呀，人家这是句号，吃一百送一百我不得赔死呀！

（5）"人家"后接后续句的时间性成分，此时时间性成分位于后续句的句首位置：

　　A：这主意不是你出的吗？
　　B：谁出的呀？人家当时我们都没表态，这事就寻思先搁一搁。

（6）"人家"后直接为述语性成分，但"人家"与后面的述语并不存在句法及语义上的关系：

　　A：这不写的嘛，吃五百送五百，我到这儿就是白吃。
　　B：哈眼神呀，人家是吃五百送五十。

从上面的例子中我们可以看到，"人家"在哈尔滨方言中用法非常灵活，其可以出现在多种类型的后续句主语之前。上面6个例句中出现的这类"人家"具有如下4个特点：

①位置上，可以出现在话轮的起始分句，也可出现在话轮的中间分句，但其一般位于所在分句的句首。

②语音上，根据表达需要可以发得较为含混，"家"音发得一般较短促，后面可以有停顿。随语流变化，"家"可以脱落，仅以"人"代替全词。

③句法上，结构相对独立，不与前后单位发生结构上的关系，不参与构成更大的语言单位。

④意义上，在句中不标示词汇意义和逻辑意义，不参与句子命题的构建，其出现与否并不影响句子的合法性。

为了便于区别和论述，下文中将哈尔滨方言中"人家"的这种特殊用法记为"人家$_1$"。

（三）　对"人家₁"性质的认定

近年来，由于学者们的研究兴趣已经不仅局限于句子内部，因此对言语的建构和理解起着重要作用的话语标记语也逐渐成为关注的热点之一。当前对于话语标记的认定，一般都是根据 Schiffin（1987：328）、Blakemore（2002：56）等的相关论述，将以下四条标准作为主要依据，即：①语音上的可识别性，通过强化、弱化、停顿等手段来提高可识别度；②句法上的非强制性，话语标记的有无并不影响句子的合法性；③语义上的空灵性，话语标记词汇意义很虚，并不参与句子命题的构建；④语用上的连接性，会在话轮或分句间起到话语组织和言语行为等功能。

基于以上标准和上一小节中我们对"人家₁"特点的总结，笔者认为，哈尔滨方言中具有特殊句法、语义、语用功能的"人家₁"是一个典型的话语标记。

（四）　代词"人家"演化为话语标记的动因分析

虽然话语标记是就语言结构的功能而言，与词类并不具有对应关系，但从现有的研究成果来看，汉语的话语标记基本集中在副词、连词、感叹词和一些具有插入语性质的短语上，学术界还没有过对名词、代词作为话语标记的考察。而笔者认为，"人家"从代词演化为话语标记，是由其句法位置、语义特点、语用功能等诸方面条件共同促成的。

1. 句法位置因素

根据董秀芳（2007）对汉语话语标记的归纳，其原始位置上主要有两大类：一类是由最初处于小句句首的成分演变而来，如"谁知道、别说、你看、我看"以及一些弱化连词所形成的话语标记。另一类是由最初处于小句句尾的成分演变而来的，如"好了、行了、算了、完了"等包含动词和语气助词"了"的结构。

在前面笔者曾经指出，普通话中"人家"有别于一般代词的特殊之处就在于它可以与除说话人与听话人以外的指人名词（或短语）构成同位结构共同充当句子成分。此时的同位结构如果作为主语成分出现在话轮的句首，那么在连贯的交际话语中，"人家"也就处于句与句中间，而此位置"正适合标志句与句之间的关系，所以容易发展为话语标记"①。

---

① 董秀芳：《词汇化与话语标记的形成》，《世界汉语教学》2007 年第 1 期。

同时，同位结构的特点也为其语法化创造了条件。位于句首名、代词语法化的一个障碍就是此时的名、代词或者做主语或者做定语，虚化后都会使原来的句子出现句法或语义上的"缺损"。而作为同位结构，是"两个相连的词或短语，同指一个人或一样事物，同作句子中的一个成分，组合成一个名词短语"①，而且这两个相连部分的地位是不平等的，"从逻辑上说，这里不可能两个名词都有所指，其中只能是一个有指，另一个表属性（名称、身份）。从汉语语法来说，一般是前偏后正，其形式多种多样"②。也就是说当表"偏"的"人家"发生虚化的时候，表"正"的指人名词或代词能够独立承担起主语的角色，能够使句子无论在句法上还是语义上保持完整。

2. 语义因素

　　从目前的研究成果来看，汉语中的话语标记既可以是词汇化的产物，也可以是语法化的产物。"人家$_1$"在东北方言中主要承担的是程序意义而非概念意义，在形态上保持着词形的独立性，没有经历结构内部重新分析的过程，因此可以认为它来源于普通话中旁指代词"人家"的语法化。

　　而从语法化的基础来看，"人家"较之其他代词的优势在于其语义上的不确定性，既能够泛指第三人称，也能够特指第三人称；既能指代单数，也能指代复数；在特殊的语境中还能够转指说话人自己，这么广泛的指代能力是汉语中其他代词不具备的，尤其是泛指说话人和听话人以外的人，更具有了"虚指"的用法，如"话是说给人家听的，文章是写给人家看的"（例句引自《现代汉语八百词》），"人家"在这里只是"虚指"别人。语法化主要指语言中意义实在的词转化为无实在意义、表语法功能的成分，一般都会经历一个意义虚化、泛化的过程，"人家"的意义恰好已经符合了泛化的特点，因此更容易发生语法化。

3. 语用因素

　　我们对普通话中与指人名词连用构成复指成分的"人家"做了考察。从考察的结果来看，在所搜集到的 87 个用例中，表达申辩、批评的态度或含有申辩、批评的意味的有 66 例，占总数的 75%，可见普通话中"申

---

① 张志公：《张志公文集（1）·汉语语法》，广东教育出版社 1991 年版，第 400 页。

② 刘永耕：《试论名词性定语的指称特点和分类》，载《面临新世纪挑战的现代汉语语法研究》，山东教育出版社 2000 年版，第 802 页。

辩、批评"类语用环境是"人家"型复指结构的无标记用法,而哈尔滨方言中的"人家₁"恰恰是经常出现在反驳、否定、指责等意义的话语前。

因此我们可以推断,东北方言中的"人家₁"也与多数话语标记一样,在句法位置、语义因素、语用因素的综合作用下,经历了一个辖域扩大的过程。"人家"从与指人名词复指的主语位置逐渐虚化,主观性不断增强,最终辖域扩大为统摄后面整个具有反驳、否定、指责等意义的小句,以便让自己的反驳更具有公平性和说服力,以此来提高语言效果,推进交际的进行,它本身也最终变成了哈尔滨方言中一个较为典型的话语标记。

(五)"人家₁"的语用功能及使用模式

1. "人家₁"的语用功能

前人对于"人家"指称的研究,基本遵循的都是"说话人、听话人、第三人"的"说话角色"模式。根据该模式框架,"人家"既可以泛指说话人和听话人以外的人,也可以确指前面提到的某个或某些人,还可以指说话人自己。张伯江、方梅(1996:163)在数据统计的基础上指出,"人家"的"他称"用法是常规用法,"自称"只是"他称"的变通用法。郭继懋、沈红丹(2004)也指出"人家"指称"我"的用法实际上是"人家"普通用法(他称)的一个变体。

而根据 Lyons(1977:739)的观点,人们在进行言语交际时,都或多或少会带有一定的"主观性"。"主观性"是指说话人在进行言语交际时,除了表达命题性成分以外,还会表明自己对这一命题的立场、态度和感情等,并为此在话语中留下自己主观的印记。

从我们搜集到的语料来看,"人家₁"都是出现在具有反驳、否定、指责等意义的话语前。根据我们的一般性认知规律,客观性越强的反驳越具有说服力,主观性色彩越浓的指责越容易引起对方的反感,而根据张伯江、方梅(1996:163)、郭继懋、沈红丹(2004)的研究,作为"人家"常规意义的"他称"用法,正符合"外人"的理想认知模式,即"疏远、客气、尊重,合乎情理,讲究公正"。将其置于具有反驳、否定、指责等意义的话语前,会让自己的反驳更具有公平性和说服力,以此来提高语言效果,推进交际的进行。

同时，在言语交际中"人家₁"体现的是程序意义（procedural meaning）而非概念意义（conceptual meaning）。根据朱铭（2005）的观点，区分概念和程序的认知基础是基于表征和运算，编码概念意义的语言形式影响断言的内容，它构成概念表征成分。编码程序意义的语言形式则是表示如何在推理中运用和处理这些概念表征。由于"人家₁"在句中不标示词汇意义和逻辑意义，不参与句子命题的构建，其出现与否并不影响命题的真值，而只是影响对于话语单位之间关系的理解，因此其表达的只是一种程序意义。

基于以上分析，笔者认为东北方言中具有特殊用法的"人家₁"，其基本的语用功能是利用"他称"来削弱其后所带话语中说话人的主观性，强化话语的客观公平性，以达到强化反驳力度、增强言语效果同时又使被反驳者容易接受的目的。从我们对搜集到的语料所做的分类来看，"人家₁"最常见的位置是主语为单数第一人称"我"的反驳句之前，这也从一个侧面证明了我们这一看法。

2. "人家₁"的使用模式

沈家煊先生（1989）、殷树林（2011）都强调在对会话进行模式分析时，要以"举动"作为最基本的单位。既要注重"言语举动"也要注意"非言语举动"，正是这些"举动"构建的一系列引发和应答的连续组合推动了交际的进行。笔者认同上述观点，所以在下面使用模式的分析中将兼顾"言语"和"非言语"两类举动行为。

模式 1

  A：言语举动或非言语举动
  B：人家+理由，申述对上述举动的不满

该模式为 B 在受到 A 言语或非言语举动挑衅后，先用"人家₁"引出理由，后表达对 A 相应举动的申述和不满。如：

（7）A：你拉倒吧，还给我介绍，你还是请我喝酒吧，这还让我觉得靠谱点。

  B：人家我好心好意给你俩介绍对象，你不请我，还让我请你，这钱我花一分我都觉得憋屈。

例（7）中 B 帮助 A 介绍对象，但却仍然遭到 A 的奚落觉得很委屈，所以要表达对他们行为的不满，"你不请我，还让我请你，这钱我花一分我都觉得憋屈"就是他对不满的申述。不满是需要理由的，这个理由当然越客观充分越容易引起别人的同情与共鸣，于是在理由"我好心好意给你俩介绍对象"前加"人家"强调理由的客观与充分，希望同情的语气得到了加强。

模式 2

  A：言语举动或非言语举动
  B：申述对上述举动的不满，人家+理由

该模式为 B 在受到 A 的言语或非言语举动挑衅后，先对 A 的举动表达了自己的不满，然后用"人家$_1$"引出不满的理由。如：

（8）A：(有拉扯 B 的动作) 你先别走呀，咱们再商量商量呗。
   B：这事儿你跟我磨叽多长时间了，赶紧撒开，人家我还得去接孩子呢！

例（8）中，B 首先在言语上表达了对 A 的不满，觉得他"磨叽"，耽误了自己的时间。然后用"人家$_1$"引出了自己的理由，说明自己没有时间是因为"要去接孩子"。除了表达对言语行为的不满以外，B 还对 A 的非言语行为表达了不满，以"赶紧撒开"来回应他拉扯的动作。

模式 3

  A：言语举动或非言语举动
  B：人家+理由，反驳否定 A 的举动

该模式为 B 不赞同 A 的说法，先用"人家+理由"说明自己的观点，然后再对前面 A 的说法进行反驳。由于先说明了自己的理由，所以后面的反驳显得更加有力度。

　　(9) A：我给她老姨打个电话呀，姑娘这工作没落实呢，我问问我的工作落实没有！
　　　　B：人家这是公家电话，你乐意打回你家打去。

　　例(9)中，B在得知A是为了他个人的家务事时，即用"人家这是公家电话"为理由回绝了A要打电话的举动，让他"乐意打回你家打去"。"这是公家电话"理由已经比较充分，前加"人家"后，理由得到了进一步加强。

模式4

　　A：言语举动或非言语举动
　　B：反驳否定A的举动，人家+理由

　　该模式与模式3基本用法相同，也是B对A的举动提出了反驳和否定。只是在此模式中，反驳与否定是在A表达完后B直接提出的，后面再追加相关的理由。和模式3相比，模式4的用法更为普遍，因为与"处心积虑"地先摆出理由相比较，"脱口而出"的反驳更符合我们日常言谈习惯。

　　(10) A：你咋还买回个新洗衣板呢，不是专门为了让我罚跪的吧？
　　　　B：我跟你说这还真不是你自己专用的，人家我还得拿它洗衣服呢！

　　例(10)中，A对妻子买回新洗衣板表示惊讶，觉得是专门为惩罚他而买，B则对丈夫说法了进行了反驳，表示这个新洗衣板的用途并非那么单一，并在后面追加了"并非你自己专用"的理由，即"还得拿它洗衣服"。"洗衣板"本来的用途就是洗衣服，似乎这一用途并不用单独提出，用"人家$_1$"引出后，从语感上来说使这个理由的提出更加正当合理。

　　上面所列的四种使用模式，是对"人家$_1$"典型用例所做的归纳。而在实际的用法中，"反驳否定"与"申述不满"常常具有相通性，这主要体现在"辩驳类"的反问句中。根据于天昱（2007：41）的观点，辩驳型反问句是"说话人认为对方误解了自己的言行，说话人就会采用反问的形式否定对方的言行，同时澄清事实和自己的观点"，这种反问句"带有更多的论战色彩，说话的语气不给对方留情面"。因此当"人家$_1$+理由"前后出现这种类型的反问句式，就既具有"反驳、否定"的功能，以"澄清事实"，同时又"具有论战色彩"，抒发自己的不满。如：

　　（11）A：你是不是又上哪偷东西去了？弄得满身都是泥！
　　　　　B：谁说我偷东西去了？人家我是下河去救人了，这次我是英雄！

　　在例（11）中，当B的救人行为被A误解为"偷东西"后，他既需要澄清事实，说明自己没有去偷东西，同时又要对A的说法表示愤慨——将自己这一"见义勇为"的行为说得如此龌龊。于是他采用了"辩驳类"的反问句，收到了双重的效果。

第二节　哈尔滨方言中的情态动词

一　哈尔滨方言中的情态动词"带"

　　在普通话中，"带"主要有名词和动词两种性质。虽然《现代汉语词典》中收录的其动词用法有八种意义，但主要还是以表"随身拿着、携带"及其引申义为主，这里不再一一列举，而在哈尔滨方言中，"带"除了普通话中的用法外，还有两种用法属于情态范畴，我们分别记为"带$_1$"和"带$_2$"，与"带$_2$"相关另有一种情态弱化、语气意义加强的用法，我们记为"带$_3$"，在本小节中一并讨论。

　　（一）"带$_1$"的意义及用法

　　我们先来看几个例子：

(1) 你们不带这么欺负人的（你们不可以这么欺负人）。

(2) 不带他们这么玩儿的（他们不可以这么玩），这还有规矩了吗？

(3) 不带这样的（不可以这样），说过的话还能往回收呀？

(4) 这也欺人太甚了，还带把人往绝路上逼的（还可以把人往绝路上逼吗）？

从上面的例子可以看出，"带$_1$"可以用在小句前，也可以用在动词或动词性结构做谓语前，句中常有"这么"或"那么"等指代性成分，如例（1）和例（2）；还可以直接用在"这（么）样/那（么）样"的谓语之前，如例（3），表示的都是"允许"义。句子常常以反问形式或带"不"的否定形式出现，说明对某些行为的质疑与不认可，"你/你们、他/他们不可以如此做"。句子的主语一般是"人"，以单/复数的第二人称或第三人称为主，如果可以由语境来推导出所指对象，主语也可以不出现。由于人们很少进行强烈的自我否定，因此主语罕用单数第一人称形式。句末一般有"的"作为完句成分，否则该句子不合法。

从"带$_1$"表达的情态意义来看，按照彭利贞（2007：160）的标准，其应归为"道义情态"下"许可"类的"允许"小类，只是由于常用在表示否定意义的句子中，所以表现出来的是"不允许"。而按照朱冠明（2005）的标准，其应该归入"道义情态"下的"该允"类，程度上属于"可能性"①。这两种标准虽然略有差异，其实本质上是相同的，"允许"本身就隐含着两种可能"允许"与"不允许"，它是和"义务""必要"相对的，后者的"可能性"渐弱，选择的余地减小。无论怎么划分，"带$_1$"所表达的情态意义都应为"表示情理上或规则上许可"，"情理上或规则上"决定了其归为"道义情态"，"许可"决定了其属于"具有可能性的该允"和"许可"意义下的"允许"。我们回头看上面的例子，例（1）、例（3）、例（4）可以看作是情理上的（不）许可，例（2）则是规则上的（不）许可。

(二)"带$_2$"的意义及用法

我们还是先来看几个例子：

---

① 朱文中可能性与盖然性、必然性相对，属于"情态"上的三种程度之一。

(5) 他指定不带来的（他肯定不会来）。
(6) 看这天儿，今天不带下雨的（今天肯定不会下雨）。
(7) 你都这样对待她了，她还带去的（她难道还会去吗）？
(8) 你啥都不带说的（你什么都不会说），他要这样做。

例（5）—例（8）中"带"的情态意义表示"强烈的推测和判断"，由于常用在否定句或反问句中，所以是"推测判断某事一定不会发生"。按照彭利贞（2007：160）及朱冠明（2005）的观点，"带$_2$"属于"认识（知识）情态"中的"必然"类。判断的依据在句中可以出现也可以不出现，如例（5）就只是单纯说明我自己判断的结果，例（6）和例（7）则在判断之前先说明了自己的依据"看这天儿""你都这样对待她了"，有时也可以先说明你的判断，然后再补充依据，如例（8）。

"带$_2$"一般也出现在动词或动词性结构之前，以用"不"来否定的形式最为常见，"不带$_2$"前还常用"肯定""指定"来增强自己判断的"确定性"。句末一般要有"的"作为完句条件，否则句子不合法。由于表达的是"强烈的判断和推测"，所以句子的主语或话题一般为"对指"或"他指"，即指向对方或第三方，如例（5）—例（7）是"他指"，例（8）则是"对指"，是对听话人"你"做法的判断。

这里比较特殊的是当主语是单数第一人称的情况，如：

(9) 你放心，我不带去的（我肯定不会去）。

此时由于主语为单数第一人称"我"，句子的情况就变得有些复杂，因为说话人对自己的行为是不用判断和推测的，去除掉"判断与推测"这一意义，此时"不带$_2$"所表达的意义就只剩下了"强烈地肯定某事一定会发生"，当该意义由说话人用于表达自己的行为时，就变成了一种"承诺"，保证"我一定不会去做某事"。例（9）中还用了"你放心"来增强"我"保证的"确定性"。从情态意义的归类来看，该种用法应该属于前面彭文中所归纳出的"道义情态"中"必要"类下的"保证"小类，是说话人在以自己的道义力来承诺句子表达的事件会在将来时间里实现。

(三)"带₃"的意义和用法

上面说过,"带₂"是"基于一定的依据所作出的强烈的推测和判断",是针对未来的一种预测,但在哈尔滨方言中,"带"还可以用于对事件常态化的说明,如:

(10) 他每次一分钟都不带耽误的(他每次一分钟都不耽误)。
(11) 他撒谎从来不带脸红的(他说谎从来不脸红)。
(12) 那爷爷奶奶把孙子伺候的,吃的东西顿顿都不带重样的(做的饭食每顿都不一样)。

在例(10)—例(12)中,说话人的视角不再是依据现在的情况做出对未来的推测,而是基于过去的事实做出的一种归纳和总结,可能带有一些前瞻性但很弱,前瞻性主要来自对话双方相信句中主语做事的一贯风格不会改变,与"带"本身的情态意义无关,因此即使此时去掉"带"与句末"的",句子的意义并不受影响。我们把这种意义的"带"称为"带₃"。

与"带₂"的句子相比,"带₃"所在的句子都需要有能够推动受话人视角在时间轴上后移的标记,比较常见的有表示对过去的频率进行集体整合后加以表达的"每"和"都",如例(10),对过去状态进行统一描述的时间副词"从来",如例(11),以及能够明示是对过去状态归纳的小句等,如例(12)。此时的"带₃"情态意义下降,表达更多的是它的语气意义,语气更加肯定也更加口语化。

(四)关于句末"的"功能的讨论

在哈尔滨方言中,情态动词"带"一般都要与"的"同现,"的"位于句末,有完句的作用。汉语中关于"的"功能的讨论很多。朱德熙(1983)认为"的"是"名词化标记",沈家煊先生(1995、1999)把"的"的功能看作是标记"有界"定语,石毓智(2000)认为"的"基本功能应为"从一个认知域中确立出成员",陆丙甫(2003)则认为"的"主要是具有"描写性"。在这众说纷纭的观点中,有两种专门讨论句末"的"性质的观点颇为相似,即李讷、安珊笛、张伯江(1998)与袁毓林(2003)都将句末"的"功能看作是"确认",李文还将其看作是一种"传信标记",属于情态助词。

笔者认为,哈尔滨方言中与"带$_2$"和"带$_3$"同现的"的"功能比较好确定,应该就是李、袁文中提到的"确认",只不过与"带$_2$"同现的"的"是对非现实事件的否定,是说话人根据目前状态和条件对假设或未来状况作出否定的推断,当主语为单数第一人称时所表达的"承诺"义把该种"确认"推向了新的高度。而"带$_3$"与"的"同现是基于以往的情况得出的一般性认识,是对现实事件的否定,"以往的情况"已经发生,是有事实依据的,不必像对非现实事件的"推测"那样害怕对方反驳,因此"确认"的力度也自然要小一些,更多是想表达一种语气,而不是强调其情态,所以即使去掉依然对句义没有太大影响。

那么我们再来看一看与"带$_1$"同现的"的"。这个"的"的功能我们也可以看做是一种"确认",是一种对"规则"的确认,确认对方的做法是规则中不允许的。这个规则可以是社会生活中大家公认的普遍规则,如本节的例(1)—例(4),也可以是说话双方约定的规则,如:

(13)吵归吵,你们可不带打人的(你们不能打人)。

(14)(讲述玩扑克的规则)咱们的玩法不带仨"二"管俩"王"的(仨"二"不能管俩"王")。

上面两个例子的"规则"就是双方约定的,在该框架内,"吵"是可以的,但"打"是不被允许的;在我们的玩法中,三个"二"也不能管两个"王",这都是在对规则进行"确认"。

二 哈尔滨方言中的情态动词"得"

在汉语普通话的语法研究中,"得"[tei^{214}]一般被归为情态动词,句法位置是在主语与主要动词之间,表示"需要、应该"义。而在哈尔滨方言中,情态动词"得"除了与普通话相同的用法外,还存在"动词+得+了"的形式,下面略举两例:

(15)这都8点了,咱们走得了。

(16) 已经 5 月份了，这花也开得了！怎么还没开呢？

例（15）和例（16）所表达的意义分别为：说话人认为"已经 8 点了，咱们应该走了""已经 5 月份，这种花应该开了"。

（一）该格式的构成及其情态意义

我们在前文中说过，朱冠明（2005）在参照了 Lyons（1977）、Palmer（1986、1990）、Bybee（1994）等对英语情态动词的分析后，将汉语情态动词分为"知识情态""道义情态"和"动力情态"三种类型。彭利贞（2007）的分类与朱文基本一致，而且彭文对普通话中的情态动词也进行了归类，将"得"分别归入了"道义情态"和"认识情态"。据笔者考察，哈尔滨方言中出现在谓词后的"得"与普通话中的"得"情态类型基本相同，分别归属"道义情态"下的"该允类"以及"知识情态"，但在具体用法上略有区别。为了行文方便，本书将哈尔滨方言中属于道义情态该允类的"得"记为"得$_1$"，将属于知识情态的"得"记为"得$_2$"。

1. "谓词+得$_1$+了"格式

该格式在哈尔滨方言中多用于表示建议的话语里，意在"提醒受话人基于客观条件的要求，此时应该进行某一行为了"。这与普通话中由该允类"得"构成的"得+谓词+了"格式所表达的意义基本一致。

我们先来看下面几个例子：

(17) 现在都啥价了，这粮食你可卖得了（你的粮食可得卖了）。
(18) 你家这茄子摘得了（你家的茄子得摘了），再不摘都老了。
(19) 这孩子咱们可是管得了（这孩子咱们可是得管了），再不管就要上房揭瓦了。

按照朱冠明（2005）的定义，道义情态（deontic modality）该允类表示说话人对句子主语实施某一动作施加主观的影响或指令。例（17）—例（19）中虽然都只是提出建议，但均是说话人希望通过自己的言语来对受话人"卖粮食""摘茄子""管孩子"的动作施加影响，带有指令意味，所以我们将"得$_1$"归为道义情态的该允类。

与普通话中"得+谓词"的用法不同，哈尔滨方言中的"动词+得$_1$+了"格式对动词有比较严格的限制，能够进入该结构的动词都具有[+自主][+动态]的语义特征。从音节上看，以口语中常见的单音节动词为主，如"看、做、砍、安、说、喊、骂、画、演、扫、擦、敲、摘、挖、吃、拔、杀"等，也有少量口语中常用的双音节动词，如"研究、商量、安排、准备、打扮、寻思、琢磨"等，以及少量的动宾式离合词，如"吃饭、洗澡、留神、报名、睡觉"等。如果是动宾式离合词，"得"一般嵌入到离合词中间，如：

(20) 这都7点了，你们也吃得饭了，那我就先回去了。

例(20)中是"得$_1$"置于"吃饭"这一动宾式离合词中间，表示"你们此时得吃饭了、应该吃饭了"的意思。这里将"得$_1$"看成是嵌入到"吃饭"之间，除了基于"离合词"本身"离为短语合为词"[①]的性质外，还因为无论生成学派还是功能学派都将"情态"看作是"命题"以外的成分，它处于结构的外层，不是作用于某一个词而是作用于整个命题。

从形式上看，除了嵌入到动宾式离合词中间的情况以外，"得$_1$"的前后都不能再出现谓词的宾语，因此"动词+得$_1$+了"格式多出现在与动词有动受关系的名词性成分置于句首所构成的话题句中。如：

(21) 这沟他们可挖得了，要不一会水就都憋这儿了。
(22) 这取暖费你可交得了，再过两天就要给不交费的停气了。

例(21)、例(22)是话题句，"指示代词+名词"作为旧信息置于句首做话题。我们知道功能语法中对于信息结构的基本认识是，在句子中一般为旧信息在前而新信息在后，但"谓词+得$_1$+了"结构由于受动词后无法加其他类型宾语的限制，因此谓词受事"不定指"时不适用该结构。

[①] 相关观点请参见朱德熙(1982)。

2. "谓词+得₂+了"格式

朱冠明（2002）把知识情态（epistemic modality）定义为"表示说话人对命题真实性作出主观判断或推测"。吕叔湘先生（1980：143）把"得"的知识情态解释为"会；估计必然如此"，哈尔滨方言"谓词+得₂+了"格式中的"得₂"所表示的知识情态也大抵如此，是说话人对某事件能否发生的主观推测，"这件事情是否应该发生了"。但在具体用法上却比普通话要复杂。

为了说明"谓词+得₂+了"格式不同的语用条件，我们提取该格式中谓词"可否预测"这一语义特征。按照马庆株先生（2002）的分类，自主动词是有意识的动作行为，是能由动作发出者做主，由其主观决定、自由支配的动作行为。因此自主动词的发生时间、发生阶段等都应该是可以预测的，都应该具有"可预测性"，这类动词中口语化较强的词一般都可以进入"谓词+得₂+了"格式，预测某事件是否会发生，如：

（23）这孩子闯下这么大的祸，这次怎么都打得了（这次应该会挨打了）。

（24）老王家来请了这么多趟，他怎么也去得了（他无论如何也应该去了）。

而非自主动词虽然一般为无意识、无心的动作行为，表示变化和属性，但预测性未必那么弱。对于那些按照事物的一般发展规律可以做出较为准确预测的非自主动词，我们也认为其具有"可预测性"的语义特征，可以进入"动词+得₂+了"格式，如：开（"花开、水开"的大致时间按照一般规律我们都可以预测）：

（25）都插上多半天了，这水也开得了（这水也应该开了）！

对于那些根据一般规律较难做出预测的非自主动词，如：塌、掉（"房子何时自然垮塌、高处的物体何时掉落"很难做出较为准确的预测），属于"不可预测性"动词，如果该类动词用在"动词+得₂+了"结构中，一般只是在这一事件发生后，用以"说明这一事件没有超出说话人的预料，说话人也认为应该发生了"。如：

(26)（当得知某房子倒塌的消息后）
这房子也的确塌得了（也的确应该塌了），那墙都裂成啥样了，这么多年都没人修。

根据鲁晓琨（2004：232）和周有斌（2010：115）的考察，普通话中表知识情态的"得"只能着眼于未来，是对未来情况必然性的预测。但在哈尔滨方言中，如果动词具备可预测这一特征时，"动词+得$_2$+了"结构在时间上存在多种可能。

当动词具备可预测性的语义特征时，"动词+得$_2$+了"结构既可表示对未来的预测，觉得必然会如此，也可表示对现在和过去推断，觉得事情应该已经发生了。如：

(27) 后天就开会了，他们明天怎么也到得了。
(28) 今天就开会了，他们现在怎么也到得了。
(29) 今天就开会了，他们昨天怎么也到得了。

例（27）是对"明天"将要发生事情的推断，认为由于"后天就要开会了"，所以他们明天一定会到达。例（28）和例（29）则是对过去和现在的推断，基于"今天就要开会了"的考虑，"他们"一定已经到达了。

按照彭利贞（2007）的考察结果，普通话中的情态动词"得"表达认识情态在句法环境上存在很多的限制，或者要求主要谓词是静态的，如"是""有"，或者主要谓词或谓词短语有消极的社会意义，如"说你""挨淋"，但哈尔滨方言中的"动词+得$_2$+了"结构则不受此限制，这从上面的诸多例子中都可以看出，不再赘述。

(二) 关于句末"了"性质的讨论

在哈尔滨方言中，无论是"得$_1$"还是"得$_2$"，如果想出现在主要动词之后，就一定会有"了"同现，构成"动词+得+了"结构，否则句子不合法。而对于句末"了"的性质，语法学界一直对它讨论甚多。

一般认为如果动词后直接加"了"煞尾、动词不带宾语成分的话,这个"了"可能是"了$_2$",表示"事态有了新变化,不表示动作完成(未完成或无所谓完成)";也可能是"了$_{1+2}$",表示"动作完成并且事态已有改变";还可能只是"了$_1$",表示"这个动作完成后出现另一动作或出现某一状态"①,那么这时"动词+了$_1$"不独立成句,要有后续小句,这是从位置的角度对"了"进行的划分。卢英顺(1991)则认为,不能从"了"在句中的位置出发来划分"了$_1$"和"了$_2$",而应该从"表示的不同语法意义出发,找形式上的印证"。卢文的观点是很有见地的,但其实前辈学者们也没有抛开意义来空谈位置,也是在寻求意义与句法形式的统一,只是在研究之初用相对固定的句法位置来区分,说明起来更加清楚简洁罢了。但随着研究的深入,我们需要从例句的含义出发来分析此时"了"具体的语法意义,尤其是在我们这种句法位置已经固定的情况下。

我们先来看前面说过的"动词+得$_1$+了"的例子:

(30) 现在都啥价了,这粮食你可卖得了。
(31) 你家这茄子摘得了,再不摘都老了。
(32) 这孩子咱们可是管得了,再不管就要上房揭瓦了。

此时的"了"都是在强调一种变化,属于传统上所说的"了$_2$"的情况。但由于有情态成分共现,所以使相关表达变得更为复杂。例(30)强调的是这些粮食从"不应该卖"到"应该卖"的变化,例(31)和(32)强调的是从"不应该摘""不应该管"到"应该摘乃至必须摘""应该管乃至必须管"的变化,这些变化与句子本身表达的事件(event)无关,不是事态的变化,而是和情态有关,是一种情态的变化。

那么我们再来看"动词+得$_2$+了"的例子:

(33) 后天就开会了,他们明天怎么也到得了。
(34) 今天就开会了,他们现在怎么也到得了。

---

① 参见《现代汉语八百词》中"了"词条。

(35) 今天就开会了，他们昨天怎么也到得了。

虽然"动词+得₂+了"结构对"时"范畴的要求比较宽泛，可以是对未来的一种判断和推测如例（33），也可以是对现在甚至已经过去事件的判断和推测如例（34）和例（35），只要说话者对这一事件的结果尚未有准确的信息，就可以使用该结构。但从意义上来说，例句中"到得了"结构的三个"了"都是在强调"完成且改变"，"到"是整个行程的结束，"到了"也就代表着行程完成了，同时也是在说明从"没到"到"到了"的改变，因此属于"了₁₊₂"的情况。

（三）关于该结构的来源

由于"动词+得+了"结构是哈尔滨口语中一种较为土俗的用法，难以找到书面上的例子，因此对它的来源也就无法从历史材料中找到较为清晰的流变关系。但在哈尔滨方言中还存在这样一种表达形式，即"动词+得+过"，其中的"得"两读，既可以读成 [tɤ⁰] 也可以读成 [tei²¹⁴]，以读成后者更为广泛与土俗。我们从广韵所代表的中古音可以知道，"得"本是曾摄开口一等入声德韵端母字，只有一种读音，后来的多音情况是语音演变的结果，并非从开始就有之，所以读音的差异不应成为对该结构认识上的障碍。而从意义上来看，该结构与"动词+得+了"结构几乎是对应的，既可以"用在建议的话语里，意在提醒受话人基于客观条件的要求，此时应该进行某一行为了"，如：

(36) 这都啥价了，你这点东西可是卖得过了（你这点东西可是应该卖了）。

也可以表示"说话人对命题真实性作出主观判断或推测"，如：

(37) 这都几点了，他们也到得过了（他们也应该到了）。

那么如果在使用中"过"脱落的话，即形成了"动词+得+了"的形式，而且在哈尔滨方言中有一种对人的评价——"死得过了"，表示"这个人各方面均无可取之处，活着都没有什么价值"，是对人极低的评价，也与"动词+得+了"形式的"死得了"相对应,这种说法并不包含在上面我们提到的两种含义之中,也无法用"应该"进行替换。

但如果想确定"动词+得+了"结构来源于"动词+得+过+了"的话,还需要解释两个问题,一个是"动词+得+过"形式在表示强烈建议的时候可以不加"了"而单独使用。如:

(38) 你可别寻思了,这豆角子这么便宜,买得过。

但在"动词+得+了"形式里,"了"是必现的成分,否则句子不合法。

另一个是,我们前面说过"动词+得+了"结构的动词可以由少量的双音节离合词充当,离合词前后两个音节分置于"得"的两端,如"洗得澡了""吃得饭了"等,但该类词无法进入"动词+得+过"结构,不能说"洗得过澡了""吃得过饭了",这种用法上的差异使我们无法做出它们之间传承关系的确定结论。当然,这种差异有也可能是"过"省略后"动词+得"自身由于音节和句法需要逐渐做出的调整,但由于该种用法只限于口语之中,所以无法找到书面语上的证据,也只能在此存疑。

第三节　哈尔滨方言中的状态形容词

一　状态形容词在哈尔滨方言中的表现形式

朱德熙先生(1980)曾将形容词分为简单形式与复杂形式两类,后来又在《语法讲义》一书中进一步将二者明确为性质形容词和状态形容词。性质形容词主要包括单音节形容词(如:大、红、快、好等)和一般的双音节形容词(如:大方、干净、规矩、伟大等)。状态形容词是形容词词根派生出来的形式,主要包括:①单音节形容词重叠式(AA 儿的);②双音节形容词重叠式(AABB 的);③煞白、冰凉、通红、喷香、粉碎、稀烂、精光等;④带后缀的形容词(包括 ABB、A 里 BC 式、A 不 BC 式);⑤"f+形容词+的"形式的合成词(其中 f 指"挺、很"一类的程度副词）。朱先生的这种分类方法既有语义上的理据，又兼顾形式与句法功能上的差别，已经成为学术界的基本共识。

但在哈尔滨方言中，状态形容词还有一类特殊的表现形式，请看下面几组例子：

痛痛快快——痛快儿~（的）　　明明白白——明白儿~（的）
笑呵呵——笑呵儿~（的）　　　油汪汪——油汪儿~（的）

上述四个示例前项是普通话中的用法，在哈尔滨方言中也使用但比例很低，相同的状态用法主要由示例后项的形式承担，此时双音节中前一音节读本调，其后可以稍有停顿，后一音节读阴平且语音上延长，出现在句末时都需要加"的"，出现在状语位置有时可以不加"的"，本书将示例后项形式称为"AB~（的）"类格式。如：

（1）这件事到底咋回事，你赶紧痛快儿~（的）告诉我。
（2）你别看那孩子小，啥事都给你讲得明白儿~的。
（3）我这儿气得不行，人家没事人一样，笑呵儿~（的）跟几个朋友打麻将去了。
（4）他做菜可真有两下子，啥菜都能做得油汪儿~的。

在这四个例句中，用在句末的"AB~（的）"类形容词"的"必须出现，而用在状语位置"的"则可加可不加。

二　"AB~（的）"类状态形容词的本质

与性质形容词相比，状态形容词的特点主要体现在"量"范畴上，性质形容词是对事物特性的判断，而状态形容词则是说明该种特点在"量"上的增减。认知语言学认为，语言形式与它所代表的意义内容之间有照应关系，那么这种语义上"量"的特征也自然会在语言形式上有所体现。如果我们以"基准量"为"原形"的话，对于"基准量"的偏离就都应该以某种较为繁复的手段在语言形式上表现出来，无论是大于基准还是小于基准。那么我们来看看这种繁复手段的表现形式都有哪些。

朱德熙先生（1993）曾指出，"所谓状态形容词，指的是由形容词词根派生出来的各种形式"，汉语普通话中这种派生主要由形态上的重叠（无论是单音节形容词重叠还是双音节形容词重叠）、加后缀（如前面提到的 ABB 式、A 里 BC 式、A 不 BC 式）以及在构词层面上以加合关系组成合成词（如"f+形容词+的"）为主要方式，这都是通过形态和句法手段来完成的。

而从跨语言与方言的角度看，这种派生方式还可以是语音的延长。如在广州话里，"量"的增加是语音重叠与延长的综合运用。如：

(5) hei^{53}（稀） hei^{53}hei^{53}（比较稀） hei$^{53-35}$hei^{53}（很稀）

（引自邓少君，1994）

这里原形对应的是原级，没有发生音变的重叠对应的是比较级，如果重叠后第一个音节变成阴上调并拖长，表示次高级。语音延长也成为"量"增加的手段之一。

如果仅从语音层面来看，语音延长与叠音尤其是多次的叠音重复可以说有着某种相通性，二者都是通过相同语音片段长度的增加来表达某种语法意义，只是在长度增加的方式上略有差别，一个是通过相同语音片段的多次重复来增加长度，一个是通过语音在长度上的延展来增加长度。

较为极端的例子我们来看看闽语的永春话，在该方言里面，叠音现象运用得更加充分。

(6) 唧蕊花芳。
　　唧蕊花芳（遘）燕燕。
　　唧蕊花芳遘燕燕燕。
　　唧蕊花芳遘燕燕燕燕。
　　唧蕊花芳遘燕燕燕燕燕。（引自林连通，1982）

在永春话里面，叠音可以达到四叠甚至五叠。原形与原级相对应，二叠音对应比较级，三叠音对应最高级，四叠音与五叠音则对应超高级，有

"无以复加"的意味。当永春话中以五叠音的形式来表达超高级的意义时，语音表现上就是一种极度的延长了。只是这种延长是断开的，相对独立、缺乏整体感罢了。

我们这里提到的普通话中的叠音与哈尔滨方言中音长增加的相通性，还表现在汉语中 ABB 式词的声调上，按照李小梅（2000）对《现代汉语词典》中 186 个该形式词读音的统计，其中 112 个原调值为 55 的 BB，在 ABB 中并不发生音变现象，调值保持 55，74 个原调值不是 55 的 BB，有 38 个原调值发生了改变，在 ABB 格式中这 38 个 BB 必须读为 55 调值。而在我们刚才提到的哈尔滨方言"AB～（的）"格式中，B 在语言延长的情况下声调也必须读作阴平调。[①] 可见音长增加与叠音对于声调的要求也有着某种一致的关系。

那么我们再回头来看哈尔滨方言的情况，哈尔滨方言中的"AB～（的）"类状态形容词，没有采用其他形态上的手段，仅是通过语音的延长来表达状态形容词"量"方面的特征，是单纯运用语音延长手段来进行"增量"表现的一个典范，我们常说汉语是缺乏形态变化的语言，但哈尔滨方言中的这种"AB～（的）"类状态形容词就可以看作是一种广义上的形态变化。

三　"AB～（的）"类状态形容词的格式意义

程书秋（2014）曾将该类形容词的来源分为三种，"来源于双音节性质形容词""来源于 ABB 式状态形容词"，还有一种来源不是很清晰，程文认为第三种很可能是上面两种情况的混合。程文对该类状态形容词来源的判断是有道理的，因为"来源于双音节性质形容词"的"AB～（的）"如"痛快～（的）""干净～（的）"来源于"痛快""干净"符合从简单形式到复杂形式这一语言演变的一般规律，虽然我们前面提到了语音延长与叠音的相通性，而且这些词有相应的"AABB"格式，但由于无法对其中的 AA 式如何变成 A 作出解释，[②] 所以只能认为该类格式的

[①] 哈尔滨方言中阴平调普遍调值较低，很难达到 55，一般为 44 或 33。

[②] 此时"AB～（的）"中的 A 在语音上并没有延长的表现。

唯一来源是双音节性质形容词。而对于第二类，来源于 ABB 式的"AB～（的）"格式，如"甜丝～（的）""凉哇～（的）"，解释的理由与第一种正好相反，因为与该类词相对应的"AB"式如"甜丝""凉哇"无法独立成词，所以也就不存在着从它去进行语音延长的可能。

（一）"来源于双音节性质形容词"的"AB～（的）"

程文简单地认为"来源于双音节性质形容词"的"AB～（的）"都具有"命令"的"语力"，并且认为其获得了"表示要求和命令"的独立于构成成分之外的整体格式意义，这一观点笔者认为是值得商榷的。对于一个构式是否具有自己独立的语法意义，首先要区分这是它本身拥有的，还是其所存在的句法环境带给他的。那么我们来看看程文例句中提到的几个具有所谓"命令"语力的词："痛快儿～的""精神儿～的""麻溜～的""利索儿～的""干净儿～的""准成儿～的"，是否可以不体现"命令"的语力。

（7）我看这小伙子可真不错，交代啥活都答应得痛快儿～的。
（8）真看出今天是去相亲呀，平时不咋的的人，今天也打扮得精神儿～的。
（9）老板指使干啥活，那他还不得麻溜～的呀。
（10）每次我做完饭，厨房都得收拾得利索儿～的。
（11）这个保姆我看挺好，你看这边角旮旯都收拾得干净儿～的。
（12）你放心吧，他都这么答应你了，这件事准成儿～的。

在例（7）—例（12）这六个例子中，"AB～（的）"都不再具有"命令"的语力，而只是简单地"描写和评价"，体现出的是状态形容词的基本语法意义。那么程文中的例句为什么能够得出"要求和命令"这样的结论呢？我们来看看这些例子：

（13）痛快儿的！都说几遍了还不动地方！
（14）都给我精神儿的，别一个个蔫头耷脑的。
（15）客人都来了，你麻溜儿的。
（16）明天去会亲家，你打扮利索儿的。

（17）把屋子收拾干净儿的，一会儿家里来人。

（18）我家厨房就能放下1.2米的冰箱，你给我把尺寸量准成儿的。

在程文列举的六个例子中，例（14）、例（15）出现在了"给我+AB～（的）""你+AB～（的）"这种较为典型的祈使句环境，例（16）—例（18）则出现在主语为第二人称的"把"字句及"你+动词+AB～（的）"这种带有命令式的句法环境中，可见程文中所谓的"来源于双音节性质形容词"的"AB～（的）"的"命令、要求"，其格式意义并不是格式本身表现出来的，而应该是句式给予的。

比较特殊的是例（13），在这一例子中"AB～（的）"格式独立成句，并且同样具有"命令"的语力，似乎只可能是格式自身体现出来的。但我们对比了例（7）—例（12）与例（13）—例（18）两组例子后发现，两组例子中"AB～（的）"格式在语调和重音上是有差别的，第一组例子语调明显下降，"AB～（的）"中的"B"读音较轻。而在第二组例子中，无论是出现在具有"命令"语力的句式中还是独立成句，"AB～（的）"格式的语调都有高挑的倾向，而且"AB～（的）"中的"B"也重读。语调上的这种变化是祈使句命令"语力"的一种常见表现形式，我们可以对比：

（19）站起来，这儿是你能坐的吗？
（20）他站起来了，你在后面跟着他。

例（19）是祈使句中最简洁的命令式，"命令"的语力完全是通过语调来体现出来的，语调上挑，而例（20）只是简单的描写，语调上体现出的是下降的趋势。上面我们看到的例（13）与例（19）颇为相似，都是通过语调来表情达意，而并非其格式自身表现出来的固定意义。

综上我们可以看出，"来源于双音节性质形容词"的"AB～（的）"格式并没有基于其来源而获得特殊的格式意义，体现出来的只是一般状态形容词共有的语法意义。

（二）"来源于ABB式状态形容词"的"AB～（的）"格式

对于"来源于ABB式状态形容词"的"AB～（的）"，程文也给出了一个整体的格式意义，即"表示感性评价"，并且列举了"甜丝儿~的""凉哇儿~的""黏糊~的""虎绰儿~的""烂糟~的""冷飕~的"等几个例子，认为"甜、凉"是从味觉方面作出的评价，"黏、烂"是从视觉方面作出的评价。但笔者认为仅简举几个例子就得出结论是容易出问题的，于是利用尹世超先生（1997）所举的大量用例对哈尔滨方言中比较典型的源于ABB的"AB~（的）"格式状态形容词进行归类与比较。

直接由词根体现感性认识的：

视觉类：

灰突~的　灰蒙~的　黑压~的　黑乎~的　　绿油~的　笑眯~的
笑嘻~的　明晃~的　白花~的　白茫~的　　黑黢~的　黑沉~的
红乎~的　胖墩~的　油乎~的　光秃~的
黄秧儿~的　黄澄儿~的　红扑儿~的　油汪儿~的
粉嘟儿~的　粉扑儿~的　红通儿~的

听觉类：

静悄~的　笑哈~的

味觉类：

臭乎~的　臭哄~的　臊哄~的　臊乎~的　香喷儿~的
辣蒿儿~的　甜滋儿~的　甜丝儿~的　酸溜儿~的

触觉类：

硬梆~的　沉甸~的　冷冰~的　冷飕~的　刺儿哄~的
厚墩~的　湿漉~的　热哄~的　暖烘儿~的　暖乎儿~的
凉丝儿~的　凉哇儿~的　麻酥儿~的

整体感觉类：

懒洋~的　狠叨~的　气冲~的　气哼~的　气乎~的　气囊~的
孽呆~的　湿漉~的　喜洋~的　急冲~的　醉醺~的　假惺~的
空落~的　傻呵~的　傻乎~的　穷飕~的　虎绰~的　凉飕~的
慢腾~的　稀溜~的　孤零~的　彪哄~的　娇滴~的　乱乎~的

乱嘟~的　乱哄~的　乱糟~的
牛哄儿~的　美滋儿~的　懒塌儿~的　喜滋儿~的
乐滋儿~的　乐呵儿~的

由词整体体现感性认识的：

灰溜~的　狼哇~的　热辣~的　胆儿突~的　直瞪~的　直勾~的
水淋~的　血淋~的　血乎~的　毛糙~的　贼溜~的　紧巴~的
喧腾~的　赖蒿~的　文绉绉~的　毛哄~的
泪汪儿~的　水汪儿~的　鸟悄儿~的　眼巴儿~的　眼睁儿~的
毛嘟儿~的　球哄儿~的

　　从上面比较的归类与比较的结果来看，可以支持"感性评价"这一格式意义，但这种意义并不都由词根来体现。尤其是对于一些内部结构为"主谓式"的"AB~（的）"类状态形容词，如"狼哇~的""胆儿突~的""血淋~的""水淋~的""毛哄~的""泪汪儿~的""水汪儿~的"等，由于汉语是"动词型"的语言，① 所以"主谓式"的"感性"意义不可能主要由格式中的"主语"来承担，而应该是"主谓"共同作用的结果。还有一部分"AB~（的）"式的状态形容词，它来源的 ABB 格式已经虚化，其源格式已经产生了比喻和引申意义，如"灰溜溜"本身和颜色"灰"并无直接关系，"热辣辣"的感觉也并不是感觉很"热"，它们都是虚化后由整体来说明感性评价的。

　　按照我们上面得到的结论，"来源于双音节性质形容词"与"来源于 ABB 式状态形容词"的"AB~（的）"在表达语法意义上并无多大差别，都是对事物性质与状态的"描写与评价"，那么程文中所提到的第三种来源不明的"AB~（的）"也就失去了独立出来讨论的意义，不必从来源上再加以探讨。

（三）关于"AB~（的）"格式中的"的"

　　状态形容词后是否需要加"的"的问题，学界已经有过很多不同的看法，这里笔者仅举两种影响比较大的进行说明。朱德熙先生

---

① 该观点可参见刘丹青（2010）相关论述。

(1956)曾经注意到形容词做定语是否加"的"的区别,并且在《说"的"》一文中针对北京话提出了"的$_1$、的$_2$、的$_3$",分别标记副词后缀、状态形容词后缀和名词化标记三个同音音素。可见朱先生是把"的"作为状态形容词内部的"曲折"形式来处理的,因此加不加"的"只构成状态形容词内部的形态差异,并不牵扯其自身的功能。张国宪先生(2007)则发现,按照朱先生的观点,在处理"小小儿的文具盒"和"很小的文具盒"两例时,在构词层面与句法层面会发生矛盾,"只要承认'很小的'中的'的'是'的$_3$',就意味着这个'的'可以脱落(在谓语位置上的确不加'的'),也就从实质上否认了'f+形容词+的'形式的合成词中'的'作为形容词词尾的合法性。同时,这种分析的另一个后果是模糊了'的$_2$'和'的$_3$'的界限"。所以张文放弃了"词尾说",而将"的$_2$"看作了状态词化的标志,认为其语法意义是相当于一个"很"类的副词,负载着程度量的信息,并且给出了状态形容词成员间的典型性差异:

  不加"的"的状态形容词 > 加"的"的状态形容词(">"表示"高于")

也就是说对"的"依赖性越弱的,其状态性越强,反之也依然成立。
按照张先生的看法,哈尔滨方言"AB~(的)"格式中的"的"也应该是状态词化的标志,这从"来源于双音节性质形容词"的"AB~(的)"搭配关系上也能得到证明:

  麻溜——很麻溜——麻溜儿~的——*很麻溜儿~的
  利索——非常利索——利索儿~的——*非常利索儿~的
  干净——特别干净——干净儿~的——*特别干净儿~的

可见作为状态化标记的"的"由于负载着程度量的信息,所以与同为表程度的副词"很""非常""特别"等相排斥。
那么哈尔滨方言"AB~(的)"格式在状态化的强度序列中处于什么样的位置呢?按照前面我们说的状态形容词的典型性差异,"的"越是被强制要求出现,其负载的程度量越弱,对"的"的依赖情况越弱的,其负载的程度量信息越强,也就越是典型的状态形容词。

表 2.1　　　哈尔滨方言中状态形容词与"的"共现情况

	是否加"的"			
	做谓语	做状语	做补语	做定语
AA 式	+	+/-	+	+/-
AB~式	+	+/-	+	+/-
ABB 式	+/-	+/-	+	+/-
AABB 式	+/-	+/-	+/-	+/-

从表 2.1 对"的"的依存关系分析上我们可以看出,"AB~"式负载的程度量与"AA 式"更加接近,不及 ABB 式强,基本的强弱顺序为:

AABB 式 > ABB 式 > AA 式／AB~式

综上所述,从跨语言与方言的角度来看,哈尔滨方言中的"AB~(的)"式只是从形容词词根派生为性质形容词的方式之一,与其他派生形式处于同级并列的关系中,"AB~(的)"式体现出来的也只是状态形容词的一般语法意义,并不存在着更多特别之处。本书认同该格式中"的"的语法意义是相当于一个"很"类的副词,负载着程度量信息的说法,并根据这一思路按照"的"在不同位置上的隐现情况得出了以重叠方式构成的状态形容词的状态化强度序列,AABB 式应为最强状态化的表现形式,其次是 ABB 式,AA 式与"AB~(的)"式从句法表现上来看强度相当。

第四节　哈尔滨方言中的副词

一　哈尔滨方言中的程度副词

从我们调查的结果来看,哈尔滨方言中的程度副词与普通话口语中常用的程度副词差异不大，比较有特色的是表示极量的"贼"、表示高量的"诚"，本节将主要讨论这两个程度副词在哈尔滨方言中的用法及其来源等相关问题。

（一）"贼"

《现代汉语词典》中列出了"贼"的副词用法，"贼，〈方〉很；非常（多用于令人不满意的或不正常的情况）：～冷｜～亮。"

哈尔滨方言中"贼"也有上面的用法，如：

（1）哈尔滨的冬天贼冷，你可别来。
（2）去他那儿坐车贼麻烦，得倒两趟车。
（3）这事他办得贼差劲，我都不知道说啥好了。

上面三例中，"贼"均表示程度，后接带有消极意义的形容词。除了能接消极意义的词以外，"贼"后接表积极意义的词在哈尔滨方言中也很普遍，如：

（4）那孩子学习贼好，把把都考第一。
（5）他女朋友长得贼漂亮。
（6）这罐子（火罐）拔得贼舒服，我都不想起来了。

1. 哈尔滨方言中副词"贼"的句法表现

从句法位置上看，"贼"在哈尔滨方言中用法很宽松，可以出现在述语前做状语，如例（1）、例（2）、例（4），也可以出现在述语后，与形容词搭配共同做情态补语，如例（3）、例（5）、例（6），但不能单独出现在动词后做程度补语，如不能说"好得贼"，这点与程度副词"很"不同。

从我们调查的结果来看，"贼"在哈尔滨方言中出现在定语里的情况很少，相应的意义可以通过追加小句来表示，如一般不说"外面有个贼漂亮的女孩儿找你"，而是分为两个小句"外面有个女孩儿找你，长得贼漂亮"。

（1）副词"贼"后接形容词的情况

哈尔滨方言中"贼"后一般接单音节或双音节性质形容词，如：

贼好　　贼坏　　贼热　　贼冷　　贼长　　贼短　　贼快　贼慢

贼漂亮　贼难看　贼高兴　贼难过　贼高级　贼难受　贼差劲　贼聪明

可见哈尔滨方言中"贼"对形容词意义的"积极"还是"消极"反应并不敏感，但从我们的调查结果来看，后接单音节形容词的情况更多一些，这主要是由于针对口语语料进行研究的缘故。

哈尔滨方言中"贼"后不能接任何形式的状态形容词，如：

*贼雪白　　*贼绿绿的　　*贼绿油油的　　*贼干净儿~的① *贼虎了吧唧

这主要是由于状态形容词本身已经表示程度义，而且表示的程度一般都较高，所以不再接受程度副词的修饰。

（2）副词"贼"后接动词的情况

哈尔滨方言中"贼"后可接助动词和动词短语，表示程度高。具体形式如下：

A. "贼" + 助动词 + VP

贼能说　　贼敢花钱　　贼肯干　　贼会巴结　　贼愿意去

能与"贼"搭配的助动词不多，而且多数都是单音节助动词，如"能、敢、肯、会"等，双音节助动词仅限"愿意"，"贼+单音节助动词"后的"VP"必须出现，即使在应答句中也不能省略，如：

---

① 此格式即为上文提到的哈尔滨方言中的"AB~的"类形容词。

A：他那个人能说吗？
B：贼能说。

　　这里"能说"并不表示说话的能力，而是表示说话的数量和水平。作为应答句的"贼能说"不能省略为"贼能"。
　　但从调查中我们发现，哈尔滨方言中"贼会"可以单用，如可以说"他那人贼会，关系还能处不好"，这里的"会"已经不是简单的助动词表示"有能力或懂得怎样去做"的意思，而是"会处理关系、会做人"的一种省略用法，因此它也没有否定形式，哈尔滨方言中你不能评价一个人"贼不会"。

　　B．"贼"+动词
　　这里的动词仅限于一部分表示态度、评价、心理等的动词。
　　表示态度类的如：

　　　　贼支持　贼反对　贼喜欢　贼讨厌　贼赞成　贼同意　贼尊敬
　　　　贼鼓励　贼欢迎　贼理解　贼关心　贼怀疑　贼重视　贼抬举
　　　　贼膈应（讨厌）

　　表示评价类的如：

　　　　贼操心　贼讲究　贼留心　贼流行　贼迷信　贼浪费　贼帮忙
　　　　贼吸引　贼享受　贼孝顺　贼影响　贼照顾　贼值得　贼注意
　　　　贼体谅　贼放松

　　表示心理类的如：

　　　　贼发愁　贼想念　贼嫉妒　贼满足　贼了解　贼害怕　贼

惦记

　　贼后悔　贼希望　　贼相信　贼羡慕　贼心疼　　贼信任

C. "贼" + 动宾结构

有些动词不能单独和"贼"搭配，需要和其他成分组合构成动宾结构后再与"贼"搭配使用，如：

　　*贼有　贼有意思　　贼有钱　　贼有心　　贼有魄力　　贼有水平
　　*贼讲　贼讲义气　　贼讲道理　贼讲方法　贼讲辈分　　贼讲规矩
　　*贼占　贼占地方　　贼占空间　贼占版面　贼占内存
　　*贼受　贼受欢迎　　贼受排挤　贼受委屈
　　*贼够　贼够交/交情　贼够意思

"贼"后还可以接动词"让"构成的兼语句，如：

　　贼让人膈应（讨厌）　　　　贼让我们吃惊　　贼让老师下不来台（尴尬）

D. "贼" + 可能补语

"贼"后面可加表态度、情绪、感受、评价等的可能补语，如：

　　贼看不起　贼过意不去　贼沉不住气　　贼拿不定主意　贼靠不住
　　贼想不开　贼琢磨不透　贼吃不住劲

上面列出的都是这些可能补语的否定形式，它们相应的肯定形式有的可以出现在"贼"的后面，有的则不行。可以加肯定形式的，如"贼看不起——贼看得起""贼沉不住气——贼沉得住气""贼想不开——贼想得开""贼吃不住劲——贼吃得住劲"；只有否定形式，没有肯定形式的，如"贼过意不去——*贼过意得去""贼拿不定主意——*贼拿得定主意""贼靠不住——*贼靠得住""贼琢磨不透——*贼琢磨得透",可见"贼"与可能补语搭配时,肯定和否定式是不对称的。

E."贼"+四字格词语

"贼"可以加在很多四字格词语前,这些四字格词语主要是一些用以形容人或事物状态或心理的成语,如:

　　贼心安理得　贼耐人寻味　贼平易近人　贼狐假虎威　贼引人入胜

　　贼为所欲为　贼无法无天　贼死心塌地　贼优柔寡断　贼光明磊落

这种用法主要出现在年轻人的口语中,老年人由于文化水平的限制,一般很少使用。

"贼"后还可以加一些四字格的俗语、习惯用语等,如:

　　贼云山雾绕　贼破马张飞　贼席勒马哈　贼笨笨卡卡　贼稀里糊涂

这些俗语、习惯用语等,本身是对状态的描写,表示一些"量"的概念,按常理不应该再受程度副词的修饰,但由于"贼"在哈尔滨方言中属于极量的程度,并且带有夸张的语气,所以可看做是对其原有的程度的一种突破,这些俗语、习惯用语此时主要体现的是其性质意义,程度义则由副词"贼"来承担。

2. 副词"贼"的语义特征

"量"的表达是语言中一个普遍范畴,在时间、数量、范围等方面都有诸多表现。程度副词是汉语中量范畴表达的重要手段,根据对程度范畴进行量化的方式不同,可以将程度副词分为"绝对程度副词"和"相对程度副词"。"绝对程度副词"是通过比较确定不同对象之间的量差,或通过比较确定具有一定量差的成员各自所处的量级所取得的,汉语中主要有"更、稍、略、最、越发、比较"等;"相对程度副词"则是根据其本身"量"的特点通过和某一常识或基准量进行比较确认所取得的，汉语中主要有"很、非常、十分、特别、相当"等。① 在上面两类程度副词的内部，又可以根据语义程度的不同划分为高、中、低三个不同的等级，② 其实相对程度副词与绝对程度副词是有相通性的，绝对程度副词说到底也是基于一种比较，是与基准量或大众普遍的常识比较后所得到的程度，而相对程度副词只是在一定范围内或特定成员内进行的比较，比较的对象有别，实质是一样的。

哈尔滨方言中的"贼"从性质上说属于绝对程度副词，言者在说出该词时潜意识里并没有在某一确定的范围内进行比较，而从语义程度上来说，属于最高程度，是哈尔滨方言中极量绝对程度副词。从情态角度看，绝对程度副词比相对程度副词主观性更强，因为对特定对象的比较是有较客观的标准的，标准客观结论也就相对客观。而绝对程度副词的比较标准一般随个人的认识而定，即使是常识性的，每个人对常识的认同度还可能有差异，既然标准本身就带有主观性，比较后得到的结论主观性也自然要强一些。所以在哈尔滨方言中，"贼"的程度表达经常带有夸张的色彩，语气上带感叹意味，神情上一般也会有所表现。

3. 副词"贼"的语法化

"贼"在《说文解字》中的解释是"贼，败也。从戈，则声"。段玉裁注曰："此云则声。《贝部》又云：'败贼皆从贝会意。'据从贝会意之云，是贼字为用戈若刀毁贝会意，而非形声也，说稍不同。以周公《誓》《命》言，则用戈毁则，正合会意，今字从戎作贼。"可以看出，段氏虽然对《说文》中所认为的"贼"的造字方式存在疑义，但对"贼"的基本意义还是持肯定态度的，都认为是"毁坏"之义。③《左传·文公十八年》中有"毁则为贼"、《南淮子·主述》中有"若欲饰之，乃是贼之"，也都可以看出"贼"应为"毁坏、破坏"之义。从动作很容易联想到动作的发出者，所以"贼"在先秦时期还可以表示"毁坏的人"，如《孟子·梁惠王下》就有"贼仁者谓之贼"的说法。根据毁坏对象和程度的差异，"贼"又可引申出"伤害"和"杀害"的意义。毁坏的对象是人，

---

① 详见张亚军（2002）的相关说明。
② 详见周小兵（1995）和徐晶凝（1998）的相关说明。
③ 《说文解字》中对"败"的解释即"败，毁也"。

毁坏的程度较轻的，即为"伤害"义，如《玉篇·戈部》"贼，伤害人也"，《论语·解除》中有"蚤虱食人，贼人肌肤，犹人凿地，贼地之体也"。而"毁坏"严重的即是"杀害"，《书·舜典》中有"寇贼奸宄"，孔传"杀人曰贼"，袁康《越绝书·吴人内传》也有"纣贼比干，囚箕子，微子去之"。"伤害、杀害"动作的发出者如果针对的是国家，词义就转变为了"作乱危害国家的人"，如《周礼·秋官·士师》："二曰邦贼。"郑玄注："为逆乱者。"《汉书·高帝纪上》："明其为贼，敌乃可服。""伤害、杀害"动作的发出者如果针对的是普通百姓，目的是为财而来，则变为了"抢劫、抢夺财物的人"。

我们今天口语中所说的名词"贼"主要指"偷盗财物的人"，一般不含"抢劫、抢夺"之义，这是后来词义发生变化的结果。《荀子·正论》中有"故盗不窃，贼不刺，狗豕吐菽粟，而农贾皆能以货财让"。杨倞注曰："盗贼，通名。分而言之，则私窃谓之盗，劫杀谓之贼。"可见"盗"和"贼"表意本是有差别的，从现代法律意义上说"盗"是"私窃"，不属于暴力犯罪，而"贼"则有"劫杀"意，是会"伤害、杀害"受害者的，属于暴力犯罪，"贼"的名词义与动词义有引申关系。"贼"后来变为"偷窃"主要还是由于"盗"与"贼"组成双音节词后，"盗"的意义影响了"贼"，"盗"与"贼"都变为了今天的"偷窃"意。

除了动词和名词的用法，"贼"在古代汉语里还有形容词的用法，主要是对上面名词、动词在性状上的描述，表示"奸诈、狡猾、邪恶"之义，如：

（7）鼬，鼠身长须而贼，秦人谓之小驴。（《尔雅·释畜》）
（8）言是如非，言非如是，内险以贼其外，小谨以微其善。（《韩非子·说疑》）
（9）寒暑不和，贼气相奸。（《史记·龟策列传》）
（10）少时阴贼，慨无快意，身所杀甚众。（《史记·游侠列传》）

陶玲（2011）认为"贼"虚化为副词的句法原因是其形容词的用法经常与其他形容词并列使用，并从该位置表"狡猾、恶毒、奸诈"的语义衍生出了程度义，其所举的例子为：

(11) 始条侯以为禹贼深，弗任。(《史记·酷吏列传》)

(12) 言之不可复者，其言不信也；行之不可再者，其行贼暴也。故言而不信，则民不附；行而贼暴，则天下怨。(《管子·形势解》)

(13) 仁贵多力善骑射，军中号万人敌，性贼悍。(《新唐书·薛仁贵传》)

(14) 董卓狼戾贼忍，暴虐不仁，自书契以来，殆未之有也。(《三国志·魏书》董卓袁绍等传论)

(15) 胶西于王端，孝景前三年立，为人贼熟。(《汉书·胶西于王刘端传》)

在上面的例子中，的确是两个形容词连用，从各自的角度分别来形容人物或行为的性状，而且"贼"均出现在另一个形容词之前，这是现代汉语中副词常见的位置，从句法位置上说得通。

但该文认为"贼"的程度义是由"狡猾、恶毒"义在该位置虚化而来，我们并不认同。因为从我们考察的用例来看，"贼"与形容词连用的情况在古代出现的频率极低，尤其是在宋代、元代以后，罕有使用。

在元代的文献中仅找到五例，均为"贼邪"，且都在医书中使用。

(16) 酒性善升，气必随之，痰郁于上，溺涩于下，肺受贼邪，金体大燥，恐饮寒凉，其热内郁，肺气得热，必大伤耗。(《本草衍义补遗》)

(17) 先水泄，后脓血，此脾传肾，贼邪难愈。(《丹溪先生金匮钩玄》卷二)

(18) 五十难曰：病有虚邪，有实邪，有贼邪，有微邪，有正邪，何以别之？(《难经本义》卷下)

(19) 金以制木，使脾无贼邪之患，滋肾水以制火，使肺得清化，却厚味，断妄想，远音乐，无有不安。(《丹溪先生心法》卷三

脱肛二十八)

(20) 不知酒性喜升，气必随之，痰郁于上，溺涩于下，肺受贼邪，金体必燥。(《格致余论》)

从上面的例子中可以看出，"贼邪"在这里应该为一个词，是"五邪"之一。根据《难经·五十难》的说法，"五邪"指虚邪、实邪、贼邪、微邪、正邪，"五邪"与传统的五行理论相对应，肾属水，水克火，如果肾有问题影响到心脏，叫做"贼邪"。所以这里的"贼"已经不宜看做是形容词。

而现有的研究成果一般认为"贼"做程度副词最早出现在明清时期，如陶玲（2011）、王华和李桢（2005），举的最早用例为《金瓶梅词话》中的例子：

(21) 贼没廉耻的货，头里那等雷声大，雨点小，打哩乱哩，及到其间，也不知怎的。

《汉语大词典》中举的则是《红楼梦》第十九回中的句子：

(22) 都是茗烟调唆的，等我回去告诉嬷嬷们，一定打你个贼死。

以及清代焦循的《足疾》诗：

(23) 水涌夏不暑，贼寒寇我足。

如果按照我们现有的材料"贼"的程度副词用法出现于明清时期的话，那么陶文的观点就值得商榷。沈家煊先生（1994）曾指出"实词的使用频率越高就越容易虚化，虚化的结果又提高了使用频率"，笔者理解这里的使用频率应该更指其在适合的语境中，在特定的句法环境高频出现才有可能使其语义和结构特征发生变化，但我们在元代的大量语料，特别是在应当十分接近当时人口语情况的元代杂剧语料中几乎找不到"贼"

作为形容词与其他形容词并列使用的例子。如此低频的使用是谈不到语法化环境的。

但我们在对元代语料进行考察时，却发现"贼"除了与"盗"连用成词外，① 还有一种比较常见的用法，即"贼"作为形容词，用于名词前，表示对后面名词的极端贬低。我们来看下面的例子：

（24）将这两个贼男女，都执缚定了，押回山寨，见我宋江哥哥去来。（全元杂剧·李文蔚·同乐院燕青博鱼）

（25）着这贼妇送了我也，我和两个孩儿，死在一处。（全元杂剧·马致远·邯郸道省悟黄粱梦）

（26）抱着他冤楚楚瓦盆儿，直到这另巍巍公堂下，只待要如律令把贼汉擒拿。（全元杂剧·无名氏·玎玎珰珰盆儿鬼）

如果我们认为上面三个例子是"贼"对后面名词的一种"定性"，说明后面名词是"极端不好"的话，那么下面的用法则更强调的是一种程度，而且是仅用于贬义的程度。

（27）这贼贱人好无礼。（全元杂剧·杨景贤·西游记）

（28）来时不道的轻放了那贼禽兽。（全元杂剧·无名氏·罗李郎大闹相国寺）

这里"贱人""禽兽"已经是对人的一种蔑称，前面再加上"贼"只能是将这种蔑视的程度加重，这里的"贼"凸显的是其程度意义，而且我们发现，这种"贼+名词"的用法大量出现在元杂剧中，应该是对元代口语面貌比较忠实的反映，所以那个时代"贼"应该已经有了表示"极端"的程度义，而且是专用于贬义的情况，这与词典中标注的情况是相同的。② 作为表程度的用法，后接名词毕竟不符合汉语中的一般规律，因此在"贼"自身描摹情状的功能逐渐淡化后，其突出的程度义使其在

---

① 此时所成之词还比较自由，可以见到"盗贼"也可见到"贼盗"。
② 《汉语大词典》中"贼"的程度义标注的即是"多用于贬义"。

方言中经常出现在状语的位置，并且保存了下来。而在普通话中，这种用法则在与其他程度副词的竞争中被淘汰。

从"贼"在哈尔滨方言中的情况来看，其表程度的用法进一步虚化，其表现就是所接成分在语义上的泛化。从前面对"贼"后所接成分的分析中可以看出，哈尔滨方言中"贼"已经不再局限于多接含贬义色彩的词，而是取得了一般程度副词的地位，后接褒贬义情况均可。

（二）"诚"

根据《现代汉语词典》的解释，"诚"在普通话中主要有三种用法：一是形容词表（心意）真实：诚心诚意｜开诚布公｜她的心很诚。二是副词表实在、的确：此人诚非等闲之辈。三是连词表如果、果真：诚如是，则相见之日可期。而且后两种用法都只出现在书面语中，是在比较正式的表达中才使用的。

在哈尔滨方言中，我们发现仅存在普通话的第一种用法，如：

（29）人家孩子诚心诚意请你去吃饭，你咋还端上架儿了呢？
（30）那人都来了三次了，心可诚了，你还是见见吧。

而"诚"在哈尔滨方言中最常见的用法是作为程度副词，表示较高的程度义，相当于普通话中的"非常"，但增加了感叹的语气。我们来看下面的例子：

（31）他家离这儿诚远了，走着去根本不行。
（32）他媳妇诚厉害了，收拾他跟玩儿似的。
（33）我家孩子到外面诚不愿意走了，盯着让抱。（总是让抱着）

在上面三个例子中，"诚"均置于动词或形容词性结构之前做状语，句末出现"了"。此时的"诚"也可说成"诚气"或"诚是"。

1. 哈尔滨方言中程度副词"诚"的句法表现

在哈尔滨方言中，表程度的副词"诚"一般独立充当状语或与其他词组成动词或形容词结构充当句子的补语，但一般不出现于定语中。

A. "诚 + 性质形容词 + 了"

（34）快点去买吧，你看这鱼诚新鲜了。
（35）这个小品诚逗了，你快来看看。

例（34）和例（35）中"诚"重读，表示高量义，在不考虑句末语气词"了"的情况下，这里的"诚"可以换作程度副词"非常、特别"。这也是表程度义的副词"诚"最常见的用法，其中的性质形容词可以是单音节也可以是双音节，并且不受褒贬义的限制。

"诚"与程度副词"太"的用法不同，当"太"后接褒义形容词时，既可以表示"高量"义也可以表示"超量"义，两种意义的区别在于句末是否加"了"，不加时表"超量"，加时表"高量"。① 但"诚+性质形容词"后的"了"是必现成分，而且只能表示"高量"不能表示"超量"。

B. "动词 + 得 + 诚 + 形容词 + 了"

（36）别看这狍子长得不大，跑得诚快了。
（37）他家姑娘长得诚带劲了。（他家女儿长得特别漂亮）

上面两例中，"诚+形容词+了"共同做句子的情态补语，补充说明句中谓语的情状。这里句末的"了"更倾向于看成是短语层面而非句子层面的成分。

C. "诚 + 心理动词 + （宾语） + 了"

（38）他诚担心你了。
（39）那个村子的人诚相信这些事了。

心理动词是动词中用来表示心理活动的次类，心理动词又可分为状态心理动词和行为心理动词两小类。能受"诚"修饰的是状态心理动词，

---

① 详见邵敬敏（2007）和郑天刚（2005）的论述。

如"担心、关心、害怕、喜欢、稀罕（喜欢）、满意、佩服、信任、后悔、理解、爱、恨、怕、想"等，这些心理动词本身具有"量"的特征，存在程度上的差别。

D. "诚＋能愿动词＋谓语动词＋（宾语）＋了"

（40）他媳妇诚会做吃的了。
（41）那孩子诚敢花钱了，啥都要好的。

能进入该格式的能愿动词主要有表示可能的"会、能"和表示意愿的"肯、敢、愿意"等，格式中的宾语有时可以省略。

E. "诚＋有＋宾语＋了"

（42）那本书诚有意思了。
（43）这孩子一看就诚有福了。

此时"有"后面的宾语一般为抽象名词且不受数量词修饰。"有"所带宾语的语义也发生了变化，中性的宾语发生了语义偏移，如"有水平"中"水平"偏向"高"义，"有意见"中"意见"偏向"不好的意见"，此时"诚"会将这种偏移的语义在程度上继续推高。

F. "诚＋不＋形容词/动词＋了"

（44）别提了，我当时诚不好意思了。
（45）他也是诚不理解他的做法了。

在否定的表达上，"诚"与"很、太"等程度副词不同，否定词"不"只能出现在"诚"的后面，不能出现在其前面。

2. 哈尔滨方言中表程度义副词"诚"的性质

语法学界对于某些表程度义副词的归属存在争议，比较典型的是"可"和"真"。张亚军（2002：130）就曾经指出："从'可、真'搭配的对象看，与程度副词'很、非常'等基本一致，主要用于修饰性质形容词和心理动词。因此，重读的'可、真'用于形容词、心理动词前表示程度时，似乎可以归入程度副词。但这种程度义与'很、非常'等表达的程度相比，带有强烈的主观色彩，与说话人的情态因素有关。"

张文的观点是倾向将这类词归为语气副词，"是句子层面上的动态因素，而不属于句法层面上的程度副词"。刘丹青、唐正大（2001）则以"可"为例对这种既能表示程度义又有感叹语气的情况进行了多角度的研究，最后的结论采取了折中的办法，"在句法上它仍然是一个副词，并具有表语气的功能。同时，我们认为在语义上，它兼有程度副词的作用"，刘文还从语用的角度将此类"可"定为"话题敏感算子"。但这毕竟还是没有解决此类副词的归属问题。既然在汉语语法学中我们确定词类的方法是根据其分布特征，那么该方法应该也适用于词类的下位分类，下面我们就从"诚"的分布与组合关系上来看一下它的性质。

从定位性上来看，哈尔滨方言中"诚"只能出现在动词或形容词结构之前，而多数的语气副词既可出现在述语前又可出现在句首，具有一定的灵活性。我们以"反正"为例来看一下：

（46）不管他怎么安排，反正不关我的事。
（47）反正也不关我的事，我也就不管他怎么安排了。
（48）不管他怎么安排，都不关我的事，反正。

与典型的语气副词不同，"诚"在哈尔滨方言中无法灵活地出现于多个位置，定位性强。

从"诚"的组合关系上看，语气副词可以与时间副词、范围副词、程度副词、否定副词、情态副词等多种副词连用，且一般置于这些副词之前。而高量的程度副词则相互排斥，如"很""太""非常"无法连用，比较特殊的是"有点儿"与"太"可以连用成为"有点儿太"，但这是语用表达的需要，而非语义上可以相互配合。哈尔滨方言中的副词"诚"不能与其他表示程度高的语法形式连用共现。如：

*诚太漂亮了   *太诚漂亮了   *诚很厉害   *很诚厉害了

这里的表示"高量"的语法形式还包括状态形容词，哈尔滨方言中的副词"诚"也无法与状态形容词连用，如：

*诚雪白了　　*诚干巴巴了　　*诚土里土气了　　*诚大大咧咧了

从动态性上看，哈尔滨方言中的"诚"与一般程度副词差别较大的一点是其必须与句尾"了"配合使用。这里的"了"应该与时体系统无关，因为其并不与一个动作的过程发生关系，而只是单纯的表示感叹的语气词。在这一点上"诚"的确更表现出语气副词的特征，因为语气副词会体现出动态性，即只能在动态的句子层面进行组合，而不能在静态的短语层面组合。"诚"不能孤立地与有级差的性质形容词、心理动词及能愿动词等搭配，而必须在末尾加上语气助词"了"，就说明"诚"只能应用于句子层面，而不能作用于短语层面。

诚漂亮了　　诚会说话了　　诚喜欢了　　诚不好意思了

*诚漂亮　　*诚会说话　　*诚喜欢　　*诚不好意思

非常漂亮　　很会说话　　很喜欢　　非常不好意思

同时，"诚……了"进入句子层面，一般会以比较完整的形式出现，即使在应答句中，也不宜单独使用，如：

（49）A：她男朋友个儿高吗？
　　　B：那个儿诚高了。
　　　　？诚高了。

这里如果只孤立地回答"诚高了"，会让人有突兀的感觉。这是由于"诚"要求其前出现一个话题性的成分，而程度副词对这方面没有要求。如：

(50) A：她男朋友个儿高吗？
B：很高。

从主观性上看，哈尔滨方言中表程度的副词"诚"带有较为强烈的主观性，并有广义的传信特征。它不仅是在告知对方其后成分在"量"度方面的信息，同时兼有让对方"确信"的功能。我们来看下面的例子：

(51) 他家离这儿非常远。
(52) 他家离这儿诚远了。

例（51）是较为客观的表述，虽然这种程度的表示法也带有着主观的印记，但这种主观性来源于"非常"本身。因为每个人对"远"的概念是不一致的，"非常"作为绝对程度副词，无法在一个有限的范围内快速寻找到适合的参照物，因此只能是由说话者个人根据自身的一般性认知或社会普遍性认知来做判断，这种主观性较轻，而且没有体现出由自身的判断来向对方施加影响的意味，因此不属于传信范畴。而例（52）则体现出了强主观性，不仅语气上有感叹的特征，表达自身对这一距离的判断，而且说话人还表达了对距离的确信程度，暗含相信对方也一定会认同他的观点或极力希望对方认同他的观点，具有明显的"传信"意味，乐耀（2011）认为"传信范畴"的内涵是"说话人在言语交际中向受话人指明所言信息的来源并向受话人表达说话人对所传递的言语信息的态度"，并且认为"传信范畴的表达是动态交互的，是在言语交际互动中协商完成的"，"该范畴的表达能体现语言的人际意义，并能协调交际双方的人际关系"。从"诚"的表现中可以看出，其体现了说话人对信息的确认程度，并且顾及受话人的感受，希望能以此来获得受话人的认可，在互动中达成观点的一致。

综上我们可以看出，哈尔滨方言中表程度又兼语气意义的"诚"的确具有既有别于一般的程度副词又有别于语气副词的特征，似乎处于两类词用法中重合的"阴影"地带，那么这种特殊现象是如何产生的呢？仅就哈尔滨方言中的"诚"来看，应该是其由语气副词向程度副词转变未完全的表现。

3. 程度副词"诚"的语法化过程

《说文解字·言部》中对"诚"的解释为"诚，信也。"《易·乾》："闲邪存其诚。"孔颖达疏："言防闲邪恶，当自存其诚实也。"《礼记·学记》："今之教者，呻其占毕，多其讯，言及于数，进而不顾其安，使人不由其诚，教人不尽其材。"孔颖达疏："诚，忠诚。"可见"诚"最初的意义应为"诚实守信、不虚伪"。这种用法在今天的普通话中依然使用，如前面我们说过的"这孩子心很诚"。

当表"诚实、不虚伪"的"诚"用于动词前的时候，表示后面的动作是自己内心的真实想法，即相当于"真心地"，这在古代汉语中也有很多例子：

（53）大王诚听其说，一举而天下之从不破，赵不举，韩不亡，荆、魏不臣，齐、燕不亲，霸王之名不成……（《韩非子·初见秦》第一）

（54）臣闻古今之戒，变生不意，诚不愿陛下微行数出。（《东观汉记》卷十）

（55）臣等诚不敢奉诏，请如前奏施行。（《晋书》卷二一）

从现代语言学角度分析，上面的例子可以看作是形容词"诚"做状语的情况。但如果这里不是说话者在积极地表示自身意愿，而是在对对方的观点进行确认或者反驳，"诚"就有了副词的用法。这时的副词"诚"表示的是"的确、确实"之义，属于语气副词，表现出了传信特征。如：

（56）挟泰山以超北海，语人曰："我不能"，是诚不能也。（《孟子·梁惠王上》）

该例中后面的"诚不能也"是对前面"我不能"的确认，表示同意前面的说法，因此相当于现在的"的确是这样"。

(57) 臣诚知不如徐公美。(《战国策·齐策》)

此句的"诚"可以有两种解释。如果是说话人只是在单纯表示自己的观点，可以是"真心地、发自内心地"，而如果是在印证对方的说法，则可以是副词"真的、的确"义。例（56）和例（57）中的副词"诚"用于动词前，表示主观上对事实的确认时，"诚"作为语气副词是作用于整个句子，而并不标示其后成分的程度。

那么主观确认义与程度义又有什么关系呢？这种强调主观确认的用法与程度义是相通的，说话人在极力表达自身对事件确认无疑、希望取得对方认可与共鸣的同时，也就是在告之受话人，自己对这一事实的确认程度是非常深的。这种引申关系在否定句中表现得更为明显，我们来看下面的例子：

(58) 陛下辄忘之于河北，诚不知所以然。(《东观汉记》卷十五)

(59) 忠得效命，诚不敢内顾宗亲。(《初学记》卷十七·人部上)

(60) 摛华骋艳，质直所不尚，攻蒙救惑，畴昔之所餍，诚不欲复与子较物理之善否，校得失于机吻矣。(《抱朴子·内篇》卷之十)

(61) 诚不忍奇宝横弃道侧，而阁下箧椟尚有少阙不满之处。(《韩愈集》卷十九·书六、序一)

在上面的四个例子中，"诚不"是在语气上强调确定无疑"的确不、确实不"，从"的确"可以引申为"完全"，"诚不知"是"的确不知"，既然"的确不知"当然是"完全不知道"，强调了"确定"就代表着在量上完全否定，也就从语气范畴过渡到了量范畴。这种引申关系我们可以看做是意义上的动因。

从句法结构来看，强调主观确认的"诚"如果后接有级差义的性质形容词或心理动词，就很容易弱化其确认的语义，而激活这个结构的程度特征，为了观察心理动词在不同历史时期与"诚"的组合情况，我们取心理动词"恐、想、念、期、知、悉、畏、怪、喜、好、怜",利用"汉文全籍检索系统(四)"对它们进行了历时考察,所得的结果如表 2.2 所示。

表 2.2　　各时期"诚"与心理动词组合情况统计

	先秦	秦汉	魏晋	南北朝	隋唐	宋辽金	元	明	清
诚+恐	1	41	15	24	57	208	95	497	1930
诚+想	0	0	0	0	0	1	1	3	5
诚+念	0	2	3	1	0	13	3	24	59
诚+期	0	0	0	1	0	4	0	0	2
诚+知	6	31	22	53	82	140	24	88	188
诚+悉	0	0	0	1	1	2	2	3	9
诚+畏	0	2	0	4	8	8	1	11	21
诚+怪	0	5	0	0	1	3	0	0	4
诚+喜	1	2	0	0	26	7	0	6	20
诚+好	2	3	0	2	3	17	6	18	17
诚+怜	0	0	0	0	0	3	1	3	4

从上表中可以看出,副词"诚"修饰心理动词的情况总体上在逐渐增加,尤其是"诚"修饰表"害怕"义的"恐"更是在清代达到了 1930 例,接近副词"诚"总用例的四分之一强,而且此时的"诚"已经不太凸显其确认的意义,而更多的是在表达程度义了。我们看下面的例子:

(62) 后面掠阵的韦丽贞见宝英冲进了淑士国的大营,诚恐妹子有失,回顾花如玉道:"咱去接应妹子。"(《续镜花缘》第二十三回)

(63) 苍氏老夫人因儿子在家静心读书,巴图上进,诚恐到了凤凰城京师繁华地面,荒疏学业,故而迟迟未发。(《续镜花缘》第三十二回)

(64) 见路径杂还,诚恐迷道,只在左近处走了个圈子,就回来了。(《瑶华传》第二十九回)

(65) 高角一见禁子回步言此,亦一骇,诚恐他泄漏了,即拔出腰刀要杀之。(《银瓶梅》第十二回)

(66) 公了若嘱媒求亲，诚恐见拒。(《鸳鸯配》第八回)

上面几例中的"诚"都无法翻译成"确实、的确"，只是从程度上来说明后面动词"恐"的"高量"，相当于"非常害怕、特别害怕"。

由于受材料限制，我们无法准确了解在方言中"诚"的演变情况，只能以现有的古籍材料去推测。但"诚"从语气副词表"强调、确认"到表"高量"的程度副词这一变化路径应该无大问题。与之相仿的还有"可"，现有的研究成果如刘丹青、唐正大（2001）、王素改（2011）等虽然在对"可"的定性上有争议，但对表程度的"可"源流的观点是一致的，都认为其来源于表强调的语气副词。

但如果我们承认"诚"是从语气副词语法化为程度副词，那么在语法化的方向性上似乎会有些问题。按照张谊生（2000：343）的观点，与副词有关的虚化现象，实际应该包括三个阶段："A. 名动形实词向副词的转化；B. 副词内部由略虚向较虚的变化；C. 副词向更虚的词类，譬如连词、语气词转变"，这三个阶段具有单向性，总是沿着"实—虚—更虚"的方向变化。而语义上表程度似乎比语气上的主观确认更实在一些，那么我们上面假设的变化就成了"由虚变实"，违反了"单向性的原则"。怎么来解释这种情况呢？我们认为，是由于"诚"在双音节化过程中与"的确""确实"竞争失败，没有办法再承担其原有的功能，所以在今天普通话的口语中已经很少用"诚"来表示语气意义，即使使用也会表现出比较强烈的书面语色彩。而在方言中，"诚"却在表意系统中取得了其存在的价值。我们来看下表：

表 2.3　　　　　　　　哈尔滨方言中程度义副词语用情况

	超高程度	夸张语气	强主观性
诚	+	+	+
贼	+	+	−
可	−	+	−
非常	+	−	−

从上表中我们可以看到，"诚"在哈尔滨方言中获得了它独有的语义语用价值，因此它可以以程度副词的身份存在于我们的身边。但其毕竟是

由语气副词变化而来，违反词语虚化的单向性原则，因此始终无法彻底变为程度副词，身上仍然保有语气副词的一些特征，如动态性强等。

（三）"狭儿"

在汉语普通话中表程度的副词一般置于所修饰的动词或形容词之前，如"很好""非常热""特别想你"等。置于所修饰词之后的，主要是"极"，如"好极了""热极了"等。

但在哈尔滨方言中，却存在下面的用法：

（67）他家离这儿不远狭儿（很近）。

（68）他就给咱们留了一条不宽狭儿（很窄）的道儿，这以后咋走呀！

（69）那块木头才多长狭儿呀（那块木头没多长），两面根本搭不上。

除了上面例子中提到的"不远狭儿"表示"很近"、"不宽狭儿"表示"很窄"之外，哈尔滨方言中还有：

不长狭儿——很短　　　不高狭儿——很矮　　　不深狭儿——很浅

不厚狭儿——很薄　　　不粗狭儿——很细

这里的后置成分"狭儿"虽然所能搭配的形容词不多，大概只有"长、高、远、宽、深、厚、粗"七个，并且只用在这七个词的否定形式或表否定的反问形式之后，加深其否定的程度，但应用的频率却很高，对哈尔滨方言的表达系统也有一定影响。

1. "狭儿"所搭配形容词的共同特征

特征一：都属于"量度形容词"中的"度量类"。

陆俭明（1989）曾提出"量度形容词"的概念，指出汉语中有如下两类形容词：

A. 大、长、高、宽、厚、深、粗、重、远、快、晚（迟）、

贵、多

　　B. 小、短、低（矮）、窄、薄、浅、细、轻、近、慢、早、贱（便宜）、少

　　这些形容词有的是说明体积和面积、有的是说明长度、有的是说明重量、有的是说明速度等。同时"量度形容词"又可再分为"度量"与"非度量"两类。区分标准即是能否进入"有+数词+度量词+形容词"结构，如：

　　有两平方米大——*有两平方米小　　有三公里远——*有三公里近

　　有两米长——*有两米短　　有两厘米宽——*有两厘米窄

　　有五米深——*有五米浅　　有五公斤重——*有五公斤轻

　　有三厘米厚——*有三厘米薄　　有三米高——*有三米低

　　有五米粗——*有五米细

　　按照这一标准我们在上面 A、B 两组形容词的范围内进一步得到了九个"度量类"的量度形容词，即"大、远、长、宽、深、重、厚、高、粗"，其他的如"快、晚（迟）、贵、多"及其对应的"慢、早、贱（便宜）、少"无法与度量词搭配。

　　特征二：均可直接用长度单位进行计量。在我们得到的九个"度量类"量度形容词中，"长、高、宽、远、深、厚、粗"的共同特征是都可以用长度单位进行简单计量，一个物体的长度、宽度、高度、厚度，一个洞穴的深度、一个标志物的距离（多远）我们都可以用一个适当的长度单位（厘米、米、千米等）直接测量及说明。但"大""重"却与它们不同，"大"除了测量外，还需要进行计算才能得出具体的面积，"重"虽然可以直接称量出来，却无法用长度单位来表示，只能用"克、千克、吨"等重量单位来计录，这个标准又将"大"和"重"挡在了门外。

　　综合上述两项特征，我们得出了能够进入哈尔滨方言中否定类"形

容词+狭儿"格式形容词的特征,那就是可以直接用长度单位进行计量的"度量类"量度形容词。

2. 该格式对哈尔滨方言表意系统的影响

前面笔者说过,能进入该格式的形容词虽然不多,但由于都是"度量类的量度形容词",使用频率非常高,因此对哈尔滨方言的表达系统也有一定的影响。

普通话中,对于这种"长度意义"的表达一般都是"度量类量度形容词"与"和它对应的非度量类量度形容词"配合使用的,因为仅对"度量类量度"进行简单否定存在着语义模糊的可能。

从逻辑上来说,"不远"既可能是距离很近,也可能是距离不那么远。"不高"既可能是很矮,也可能是不那么高,比较适中。① 我们可以

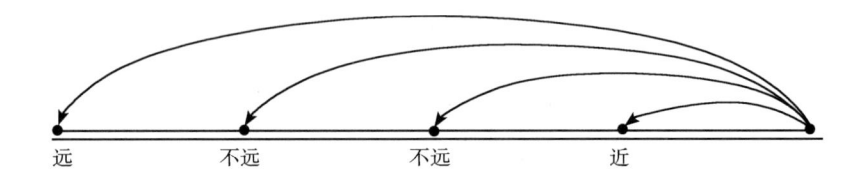

```
远        不远        不远        近
```

图 2.1　"由远及近"表达方式示意图

用上图来解释得更加清楚:"远"和"近"占据表达系统的两极,但对一极的否定从语义上并不直接指向另一极,而同样适用于中间的渐变地带。因此在汉语普通话中,A 类中的"量度形容词"无法做到"一手遮天",不能通过简单的否定一极来涵盖全量,为了表意的准确,只能和 B 类中与其相对应的词搭配使用,来表示全量中的各个部分。即:

　　很远——不远——很近　很高——不高——很矮　很长——不长——很短

　　很宽——不宽——很窄　很深——不深——很浅　很粗——不粗——很细

　　很厚——不厚——很薄

---

① 理论上来说,此时的"近"也包含在"不远"的指称范围之内,只是如此一来,"不远"所涵盖的语义范围就太大了,无法做到表意准确。

但在哈尔滨方言中，虽然我们也无法用简单的"肯定"加"否定"来表达全量，但"直接用以长度单位进行计量的度量类量度形容词"却可以表达全量中的各个部分，只不过要追加其他"标记"来完成的。

很远——不远——不远狭　　很高——不高——不高狭
很长——不长——不长狭　　很宽——不宽——不宽狭
很深——不深——不深狭　　很粗——不粗——不粗狭
很厚——不厚——不厚狭

二　哈尔滨方言中的频度副词

"频度"一般指动作、行为等出现或发生的频率，其可以分为明确与模糊两种情况。汉语中，明确的频度通常用"每"或准确的数量来表示。如"我每天都看书""他一周去两次书店"等，模糊的频度则可以用副词来表示，如"通常、经常、总是"等，本小节将主要介绍哈尔滨方言中常见的两个频度副词"一整"和"盯着"。

（一）"一整"

1. 副词"一整"的意义及用法

在哈尔滨方言中，"一整"可以是一个副词，有下列用法：

（70）一整她说我两句，我还只能听着，不敢搭茬。
（71）她一整好几天都不来上班。
（72）领导一整拉拉个脸（不高兴），你干活能得劲（舒服）吗？

在上面的这个例子中，"一整"是频度副词，表"经常"义。可以出现在句首，如例（70），也可以出现在主语之后、述语成分之前，如例（71）和例（72），一般后接表示消极意义的成分。如果是积极性的，句子接受度则不高。

"一整"虽然表示"经常"义，但一般要求其后的述语结构要尽量复

杂,我们来看下面的例子:

(73) *他一整去。
(74) ?他一整去丈母娘家。
(75) 他一整空着手去丈母娘家。

从上面的三个句子可以看出,在"一整"表频率的句子中,述语结构越复杂,句子的接受度越高,反之则越低。"经常"不受这种条件的限制,"他经常去""他经常去丈母娘家""他经常空着手去丈母娘家"都是合法的句子。

2. 副词"一整"的来源

从语言事实中我们发现,在"一整"作为副词表"经常"义的句子中,都可以加入一个"就",变成我们常见的"一……就……"结构。

我们来看例(70)—例(72)加入"就"以后的情况:

(76) 她一整就说我两句,我还只能听着,不敢搭茬。
(77) 她一整就好几天都不来上班。
(78) 领导一整就拉拉个脸(不高兴),你干活能得劲(舒服)吗?

例(76)中由于副词"一整"没有出现在它无标记的位置,所以我们先进行了还原,将"一整"置于了主语之后,然后再加上"就",例(77)和例(78)则可以直接加上"就",句子的意思没有受到影响。

我们知道,副词"就"虽然在汉语中用法很多,《现代汉语八百词》中列举了它的七种主要用法,但副词"就"却不能与表"高频"的副词连用,如:

(79) *妈妈经常就批评我。
(80) *哥哥总是就让我跟着他玩儿。

因此笔者认为,例(76)—例(78)中"一整"并不是一个表"经常"义的副词，而只是普通的"一……就……"格式，从两组句子的对应关系可以看出，副词"一整"与"一……就……"格式应该存在着承继关系。

3. "一整"词汇化的动因及过程

笔者认为哈尔滨方言中"一整"的词汇化，是由"一……就……"格式的语义特点、哈尔滨方言中"整"的泛义特征及汉语中"一"的易结合性共同造成的。

首先我们先来看"一……就……"的格式动因。对于"一……就……"格式的语义解释，语法学界通常认为"表示一种动作或情况出现后紧接着发生另一种动作或情况"，如吕叔湘等（1980）、邢福义（1985）等，也就是强调两动作在时间上的紧密相连。王光全（2005）在总结分析前人不足的基础上，进一步提出了该格式还存在另外两种意义——"易成性"和"规律性"。

"易成性"是指通过实施行为 X 极易达到 Y 的效果，如"一学就会""一治就好""一听就明白"等（王文中用例）。

"规律性"是指每当 X 出现时 Y 便会出现，或一旦 X 出现，Y 便会出现，如：

（81）他一回家就说他的果园。（王文用例）
（82）一到下雪天，我们家就喝咸菜汤，不知是什么道理。（王文用例）

王先生的分析无疑是有道理的，但王文中对这两种意义没有继续细化分析，我们从例子中可以看出，这两种意义所针对的对象是有差别的，X 与 Y 之间的关系并不相同。"易成性"分析的 X 与 Y 是动作与结果之间的关系，是 X 动作发生以后易出现后面 Y 这样的结果。而"规律性"则是两个动作之间的承继关系，是 X 动作发生后一般都会继续发生或经常会发生 Y 动作。

无论是"易成性"还是"规律性"，在语义上都是和高频出现相通的。"易成"的情况当然会经常出现，比如：

（83）那孩子一吓唬就哭，我们都不敢和他闹。

　　这里我们既可以理解为"易成"，只简单"吓唬"一下就得到了"哭"这样的结果。我们也可以理解为高频的"经常"义，我们之所以"不敢和他闹"，是因为我们从他经常被吓哭的表现中得到了"易成性"的结论。

　　规律性也是如此，所谓我们生活中的"规律"也都是由于高频出现逐渐被大家认识才成为规律的，规律源于使用者的总结，总结的基础就是当一动作发生后，会高频出现另一动作，比如：

（84）他是一看见穿制服的就晕。

　　"看见穿制服的"和"晕"之间有先后的顺序关系，两个动作之间又由于高频地接连出现而被大家看成是一种规律。

　　可见，"易成性"和"规律性"都和"经常"义有引申关系，所以从"一……就……"格式发展出表示"高频"的意义也就不足为奇了。

　　其次我们来看哈尔滨方言中"整"所带来的语义动因。从董秀芳（2003）对"X说"的词汇化分析中我们可以看出，构成成分的意义虚化是词汇化的一个重要条件。词义虚化的表现即意义变得模糊、搭配范围扩大、搭配条件降低等，这些都会促使该成分在语言中出现的频次增多，久而久之就容易与其经常搭配使用的成分凝结成为一个词。那么对于哈尔滨方言中"整"这样一个本身即表多种意义的泛义动词来说，与它搭配进而发生词汇化的概率较其他动词就要高得多。我们先来看看"整"在哈尔滨方言中所能表达的意义都有哪些。

　　张万有（1999）和崔蕾（2008）分别将东北方言中"整"的意义归为22种和19种之多，我们来对比一下它们的归类：

表 2.4　　两篇论文所归纳"整"的意义及例句对比分析

张文的意义及用例		崔文的意义及用例	
意义	用例	意义	用例
做；弄	我都饿了，你快去整饭吧	做；制作	整饭

续表

张文的意义及用例		崔文的意义及用例	
意义	用例	意义	用例
管束；整治	那匹马经常炝蹶子，你得去整整它	制造	整事儿
欺压；暗算；陷害	"四人帮"把老干部整惨了	清扫	这地这么埋汰，赶快整整
奸污	那个流氓成性的罪犯，整了那么多妇女，才被捉拿归案	砍；割	整柴火、整猪草
制造	这种紧张空气就是他一手整的	从事	农民在屋里院外，干些零活，整些副业
整顿、整理	要很好整整课堂纪律	玩	一群小孩儿在整泥巴
修理	这把椅子散架了，实在整不了	拿；背；挑；负重	整不动这么重的东西
打扫	地这么埋汰，快去整整	担当；担任	就他爱整大事
砍；割	整柴火、编花篓，都是他干的活	召集；组织	整来呼啦一帮人
拿；抱；扛；背；挑	要下雨了，快把那些高粱整到屋来	冲突；打架	那小哥俩儿又整起来了
担当；担任	无论多难的题，他都能整	耍手段	整景
召集；组织	老于真有尿儿（有能耐），不大一会儿就整来一帮人	击毙；捕猎	一枪整倒一个鬼子
打架；吵嚷	他俩又整起来了	开启	把酒瓶盖儿整开
耍手段	别整景，你那花花肠子我早就看透了	置办；置备	整酒席
击毙；捕猎	再一枪，又整倒一个鬼子	办理；干	你得整有把握的事
揭；凿；开	快把那个瓶盖儿整开	修理	今儿他是来整那大风刮歪了的黄瓜豆角架子的
采购；置备	你整这批货可真不错	经营；管理	这片庄稼叫他整得挺好
办；办理	你得整有把握的事，不能让他骗了	写作；修改	文章还没整出来呢
写作；修改	那篇文章我都吭哧十来天了，还没整出来呢	学	学生就要努力整好功课
管理	那片庄稼让他整得多带劲呀		
学	只要你整好功课，我就放心了		
玩儿	小孩儿爱整沙土		

从表2.4的对比中我们可以看到，二人的分类虽有所不同，但基本义

项是一致的。"整"的意义极为丰富，覆盖了从具体动作到抽象行为的各个方面。虽然已经分得很细，但其中的一些义项依然可以继续下分，比如"做；制作"本身也还是不止有一个义项。一个动词同时具有如此多的义项，后果一是会增加它出现的频率，二是它容易和经常搭配在一起的成分发生词汇化。

最后来看"一+动词"格式的词汇化倾向。汉语中"一+动词"有其特殊性，从我们对语言事实的考察来看，由于"一"的意义虚化、高频出现等原因，"一+动词"结构很多都表现出了词汇化的倾向。我们来看下面的例子：

(85) 我回头一看，吓了一跳，啥时候跟上来这么多人了。
(86) 我一听，这不说的是我嘛，这我哪能同意呀！
(87) 我一寻思，现在我过去和他打，肯定吃亏呀。
(88) 你一激动，再把我这传家宝掉地上，那我哭都找不着调了。

上面四个例子中，"一+动词"都表现出了词汇化的倾向，中间一般不能再加入其他成分，如不能说"我回头一仔细看""我一认真听"等，如果想表示该种意义，只能将这些形容词置于"一"之前，"我仔细一看""我认真一听"。从语义上来说，这些搭配也不再能表示数量或短时等，语义变得更为虚化。因此"一+动词"可以看作是汉语中词汇化的常见搭配之一。在这种情况下，"一"又与泛义动词"整"相遇，自然更容易凝结成为一个词。

4. "一整"词汇化的过程

Givón（1971）提出"今天的词法曾是昨天的句法"这一著名观点，而汉语的一个重要特点是词法构造与句法构造具有一致性，因此汉语的词汇化更需要强调句法层面与词汇层面之间的转换关系。Langacker（1977）在谈到结构层次变化的类型时进一步将Givón的观点细化为三种情况：(1) 取消分界（boundary loss）；(2) 改变分界（boundary shift）；(3) 增加分界（boundary creation）。笔者认为，哈尔滨方言中频率副词"一整"的形成就经历了"改变分界"这一过程。

第二章　哈尔滨方言中的实词　　73

作为汉语中一种常见的搭配，"一……就……"连用中间经常加上的是动词性成分，但这种动词性成分相当于一种插入式的关系，"一"和"就"虽然并不相连，但从整体表意的角度来说，是它们之间在联合起作用，即：

动词性成分1　　动词性成分2
↓　　　　　　↓
一　……　就　……

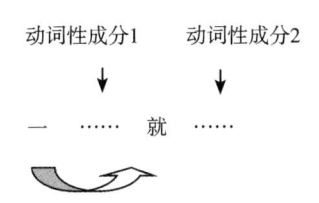

图 2.2　"一……就……"结构与动词性成分关系示意图

如：他一下课就去医院看妈妈。

此时"下课"和"去医院看妈妈"之间"紧密相连"的意义是由"一……就……"格式整体在起作用，动词性成分是后填入的。

但当"动词性成分1"是"整"的时候，由于我们上面分析的原因，句子内部的结构关系与意义关系就容易发生变化，界限也会逐渐变得模糊不清。

如：水管子一整就漏了，所以我总得找人修。

这个例子我们既可以把"一……就……"看成是整体搭配，表达"易成性"，也说明"水管子"的情况比较糟糕，可能只不小心碰到就会漏水，所以"我"得经常找别人来修。当然这个句子还可以看作从"易成性"引申出了"经常义"，即水管子漏的时候比较多，因此，总需要"我"找人来修理。

当表示"经常"义的时候，成分之间的"分界"就发生了改变，不再是"一……就……"联合来表达语法意义，而是"一整"凝结在了一起，即：

↓　↓
一　整　就漏了　→　一整｜就漏了

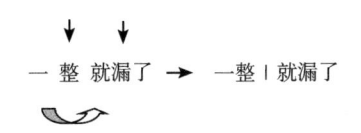

图 2.3　"一整就……"结构重新分析示意图

当然，从我们目前搜集到的例子来看，"一整"的词汇化程度还没有那么高，更多的是处于一种过渡的阶段，所以"就"既可以出现，也可以不出现。出现的时候由于前面我们说过汉语中表"经常义"的副词一般不和"就"连用，所以此时将其分析成"一……就……"格式的"易成性"或"程序义"比较好。当"就"不出现的时候，则完全是在强调"一整"的"经常义"了，"一整"也就获得了独立的"词"的地位了。

这种依托"一……就……"结构而形成的"一+泛义动词"类频度副词并非只出现在哈尔滨所在的东北地区，黄伯荣先生在《汉语方言语法类编》中曾收录江苏淮阴话的频度副词"一弄"，① 该词的解释为"表示经常性，多用于贬义，结构上需和'就'配合"，并举了下面的例子：

(89) 这伢子娇咧，一弄就哭了。

(90) 他就仗着后台硬，一弄就不来上班了。

上面例子中的"一弄"情况几乎和哈尔滨方言中的"一整"完全相同，只是泛义动词由"弄"变为了"整"，可见哈尔滨方言中"一整"的形成并不是一种偶然的现象，而是有其类型学特征的。

5. 副词"一整"后要求复杂结构的原因

前面我们提到过，哈尔滨方言中的频度副词"一整"对后面的动词性结构有比较明确的要求，即后面的结构越复杂，句子的接受度越高。对于这一现象，我们试着从"一整"的语法化过程中找寻答案。

按照我们的分析，哈尔滨方言中的副词"一整"来源于"一+整+就"的再结合，是"一……就……"结构"易成性"和"程序义"引申的结果，并且该词的词汇化程度并不高，还处于不断变化之中。那么一个含"一整"的句子是否成立，句法环境是否有利于"一……就……"虚化引申就变得非常重要。我们再看看例 (73) —例 (75)：

(73) ＊他一整去。

(74) ？他一整去丈母娘家。

(75) 他一整空着手去丈母娘家。

---

① 详细介绍参看黄伯荣主编《方言语法类编》第 418 页的相关论述。

还原出"就"四个句子均成立:

(73)′他一整就去。
(74)′他一整就去丈母娘家。
(75)′他一整就空着手去丈母娘家。

从我们的语用功能角度来说,言语表达一般都要提供足量的信息,以符合言语中"合作原则"的要求,那么我们来看看例(73)′—例(75)′所凸显的信息是什么。汉语中一般新信息的无标记位置在句尾,例(73)′中除了"一……就……"结构外句尾就只剩一个"去",提供的新信息明显不足,这从我们上下文的交流中也可以看出来。

(73)″A:他常去吗?
　　　B:他一整就去。

这里虽然已经可以看成是"易成性"引申为了"经常义",但由于"去"并不是凸显的信息,因此"一……就……"结构是被凸显的,凸显的结构由于重视程度高,虚化起来也自然更加困难,所以"就"在这里无法省略。

但例(75)′情况则不同,"一……就……"结构已经不再被凸显,表达的新信息主要在"空着手去丈母娘家",我们来看看该句一般出现的语境:

(75)″A:他丈母娘为啥总看不上他呀?
　　　B:他一整(就)空着手去丈母娘家,那能看上他嘛!

此时句子凸显的是解释原因,新信息在句末,"一……就……"结构也就失去了较高的关注度,在语义上产生引申义的情况下,结构上发生脱落即变得可以接受了。

(二)"盯着"
1."盯着"在哈尔滨方言中的意义及用法
普通话中,"盯"表示"注视"义,"注视"本身具有时间性,因此

"盯"经常与表"持续"的体标记"着"连用,如:

(91) 你盯着他,我去找人。
(92) 那个人总盯着你看,是不是认识你呀?

"盯着"既可以单独做谓语,如例(91),也可以与"观察类"动词"看、瞧、瞅、张望"等连用,组成"盯着+宾语+动词"结构,如例(92)。在例(92)的结构中,由于"观察"义主要由后面的动词来承担,所以"盯着"更多地表示方式意义,强调"看你"的方式是"一直不间断"。工具书中都没有将"盯着"单独出条,可见它虽然经常连用,但并没有取得独立的词的地位。

但在哈尔滨方言中,"盯着"不仅单独成词,而且意义和性质也都发生了变化,请看下面的用例:

(93) 他盯着来找我,我可烦死了。
(94) 他盯着向我要钱,我哪供得起呀?
(95) 快把钱还上吧,最近他盯着问我钱的事,我有点儿害怕。

在例(93)—例(95)中,"盯着"均与动词性成分连用,表示"经常、总是"的意义。而且此时与"盯着"连用的动词也不仅限于"观察"类,而是扩展到了与一般动词均可搭配。因此我们说,"盯着"在哈尔滨方言中已经虚化为一个表"经常"义的频度副词,具有副词的一般性特征。

2. 副词"盯着"的来源考察

从"盯"的来源看,"盯着"最初应该表示"目光持续直视",从我们找到的例证中也印证了这一推测。

元代以前未发现"盯着"的用例,明代只发现一例:

(96) 这天,他正在砍削木头,忽然两只老虎跳过墙壁进来,站在工匠面前,一左一右盯着他,发出咆哮吼叫的声音。(《剪灯余话》卷一)

此例中，"盯着"单独使用，后接宾语"他"，表示"老虎的目光持续直视着"的对象。从我们找到的用例数目来看，此时"盯着"的用法并不普遍，"盯"一般后面直接加宾语或与结果补语连用，如：

(97) 虽然不是浓妆艳抹，但是容貌远远超过一般人，赵源盯住她看了很久。(《剪灯新话》卷四)

(98) 那公子便一眼盯个死，口也开不得。(《今古奇观》第五十四卷)

(99) 王先见张成说话蹊跷，便盯紧来问。(《隋炀帝艳史》第七回)

(100) 我某时说甚话，盯我一眼，似乎有情。(《天凑巧》第三回)

到了清代，"盯着"连用的例子明显增加，用法也逐渐丰富，清代的文献资料中我们找了18例，大致有如下用法：
A. 单独做谓语，后接宾语

(101) 那华春回头，见妇人又来看他，他便复转身来，仍一眼盯着妇人，并不顾地上高低，不觉失足，一跌便倒。(《八段锦》第八段)

(102) 甄观察眼睛盯着纸上写的字，口中喃喃，心中突突，转念怎么翻出来的字不成句读？(《后官场现形记》第二回)

(103) 满面春风和气，弯着腰从不敢伸，掇着肩那能得直？未语先看人，一双眼盯着大爷之腹。(《斩鬼传》第五回)

由于"盯着"独立做谓语、后接宾语的用法在明代的用例中已经出现，清代的用例当属明代用法的延续。
B. "盯着"+宾语+动词

(104) 两只眼睛盯着戏目上出神，耳边忽听"砸"的一声，又是"不碍事，不要湿了衣裳"的一些声浪，不由得回头一看。(《后

官场现形记》第五回)

（105）雯青眼盯着彩云道："你还出来干什么？"（《孽海花》第十八回）

（106）所以嬉皮涎脸的只盯着碧莲姑，目不转睛的瞧。（《最近官场秘密史》卷之十五）

从上面的用例中我们可以看出，清代的"盯着+宾语+动词"结构已经与现代汉语普通话的用法很相似，后面接的动词主要为"言说类"动词如"道、说"、"观察类"动词如"瞧"、"仪态类"动词如"出神"等。

C."盯着+动词"

（107）看看太早，就在袁家对门一座小茶馆里候着，两眼不住的盯着看，恐防袁绍芬出去，跑了空。（《活地狱》第三十四回）

（108）璞玉两只眼睛的瞳仁一动不动地盯着看，恨不得插上双翅飞到那里去说几句话。（《泣血亭》第十五回）

（109）她的眼睛就转到东边盯着看，马转到西边，她的眼睛就转到西边盯着瞧。（《泣血亭》第十六回）

（110）抬眼一看德姐老是盯着看他，粉面泛红抿着嘴笑，君英怕叫别人瞧见不大雅观，慢慢往后捎着挪地方。（《泣血亭》第九回）

从例（107）—例（109）三个例子中可以看到，"盯着+动词"中的"动词"主要限于"观察类"的"看、瞧"等，"盯着"的对象由于上文中已经出现，不必再言明，所以省略了。"盯"本身即有"看"之义，"盯"与"看"皆属于"观察类"动词，因此"盯着"在这里更多的是强调"看"的方式。

这里较为特殊的是例（110），与其他例子不同，此例中动词"看"的后面有宾语"他"，按照前面B类结构所示的情况，此时"他"的常规位置应该在"盯着"与"看"之间，构成"盯着他看"。但此例中宾语"他"却没有出现在它的常规位置，而是出现在了"看"之后。如果"盯着+宾语+动词"中的宾语既可以出现在"盯着"后也可以出现在动词后，那么"盯着+动词"结构出现的频率就将大大增加。

这种例证不是孤例，笔者在民国时期的小说中也找到了一例：

（111）萧三娘正和杨秀清谈洪秀全的事情，忽见秀清奇怪地盯着问她，不觉笑了起来。（《大清三杰》第十四回）

此例中表现得更加明显，如果说例（110）中是由于"盯"与"看"同属"观察义"，从语义上说有位置变换基础的话，那么此例中的"盯"与"问"语义归类并不相同，本应出现在"盯着"后的对象也出现在了"问"后面，可见清代到民国时期，"盯着+动词"结构中宾语的位置可能比较随意。

"盯着"有机会经常出现在动词之前，是其语法化为副词的动因之一。汉语副词一般是前置并修饰动词性成分的，"盯着"与"看、瞧"等连用表示"方式——动作"关系，回答的是"怎么"的问题，即"怎么看——盯着看"，广义上来说也属于修饰性成分，因此从句法位置与语义关系上具备了语法化为副词的可能。

在清代的用例中，我们还找到下面更为特殊的例子：

（112）小弟现在银子用完，萧老妈子盯着要银子。如今同哥哥商议，暂借二三十两银子，听凭哥哥要什么利钱。（《风月梦》第十九回）

（113）你们看花打鼓盯着要银那般光景，若是明日遇见了，大家总不好看。（《风月梦》第二十二回）

在上面两个例子中，"盯着"也是和"动词+宾语"连用，但此时"盯着"后面的动词不属于我们前面提到的"言说类""观察类"或"仪态类"，动词的宾语也不是和例（110）那样既可以放在"盯着"的后面，也可以放在动词的后面，是二者共同的宾语。在这里，"盯着"的宾语"小弟""你们"应该是前面出现后在这里承前省略了，后面的宾语"银子"只是动词"要"的宾语。

不仅如此，在上面两例中，"盯着"的意义也出现了泛化，我们前面例子中"盯着"都表示"目光持续直视",而在例(112)、例(113)中,"盯着"对"目光"的强调已大大减弱,"盯着(人)要银子"并不是真的"一直用眼睛直视着他"来要,而是"持续不间断"地向某人要,强调的重点在"持续"义上。

这就为"盯着"语法化为"总是、经常"义提供了语义基础。我们知道,"持续"与"高频"在语义上是相通的,如果我们将持续看做是一条线的话,那么高频也可以看做是一条沿着时间轴推进的线,只是这条线是"虚线",是由各个邻近的"点"组成,点越多越密集,也就越会"由虚变实"。如下面的三条线:

. . . .
．．．
———————————————————————————————————

这三条线可以看做是动作发生的三种状态,前面两条线上的每一个点都代表着相同的动作发生了一次,那么当由第一条线过渡到第二条线、点的频率增大一倍的情况下,表"持续"的意义就会增强,所以我们在用表"持续"的副词如"一直"等时,如果后接的动词为"非持续性动词","一直"表示的意义即为动作高频重复出现。如:

(114) 我们一直去食堂吃饭。

例(114)中把每次"去食堂"看做一个点的话,那么"一直"就把这些高频出现的"点"连成了一条线。

"盯着"的语义变化也是如此,原本是"目光持续关注",这里的"目光"是不间断的,呈一条线状特征。但这条"不间断的线"也可以转化为那"一系列高频出现的点",意思也转变为"不停地、总是、经常"。

综上我们可以看出,虽然年代特征不是很明显,句法位置和语义变化都主要集中在了清代及民国时期,但还是有比较清晰的变化趋势的。经常出现在动词的前面,尤其还以表"方式"的语义特征出现,为"盯着"虚化为副词提供了句法环境。由于后面搭配的动词种类增加,也使得"盯着"对"目光直视"的意义要求降低,变成了主要凸显"持续"义,这为虚化为高频义提供了语义条件。当然这种虚化最终没有进入普通话系统中，只在方言中留下了痕迹，所以能够利用的资料也相对较少，但这至少为我们研究方言特别是北方方言中词语的"语法化"问题提供了一种思路。

三 哈尔滨方言中的时间副词

（一）"跟着"

"跟着"在哈尔滨方言中有以下几种用法：

第一种是动词"跟"与持续体标记"着"连用，表示"持续跟随某人或某物"的意义，与普通话中的用法相同。如：

(115) 你放心吧，我跟着他。
(116) 我一直跟着那个小偷走到地下通道。
(117) 我怕他发现，只能远远地跟着。
(118) 既然人家想法都变了，咱也得跟着变呀！
(119) 离婚后，男孩儿跟着爸爸，女孩儿跟着妈妈。

此时"跟着"的后面可以接宾语，如例（115）和例（116），也可以由于宾语已经出现，而承前省略，如例（117）和例（118）。例（119）中的"跟着"并不表示真正空间意义上的"前后相随"，而是表达"有主从关系的生活在一起"。为了行文方便，我们把这种用法的"跟着"称为"跟着$_1$"。

第二种是时间副词，引出一个动作或事件。从关系上来说该动作或事件紧随前一动作或事件发生。一般位于后一分句的句首，如：

(120) 张三出去了，跟着李四也出去了。
(121) 我和我媳妇刚商量好，跟着她妈又上来反对，真是没法整了。
(122) 他嘴上刚骂完，跟着上去又一巴掌。
(123) 张老三把东西往箱子上一放，跟着转身就出去了。

在上面的四个例子中,"跟着"都出现在了后一分句的句首,表示后一事件或动作是紧随前面发生的。例(120)和例(121)表述的是事件,接连发生的事件可以是同一内容由不同的人来完成的,如例(120)都是某人出去了,前一个是"张三",后一个是"李四";也可以是不同内容的事件接连发生,如例(121)"我和我媳妇商量"和"她妈反对"内容不同。除了表达连续的事件以外,这里的"跟着"还可以表示连续的动作,如例(122)和例(123),"骂"与"上去一巴掌"、"放"与"转身出去"都是紧接着发生的,动作连贯性非常强。我们把这种用法的"跟着"称为"跟着$_2$"。

"跟着$_1$"与"跟着$_2$"在哈尔滨方言中与普通话没有什么区别。而下面这种用法则较为特殊,"跟着"在这里也是时间副词,强调前后两件事情紧挨着发生,但与"跟着$_2$"不同的是,它意义上与"刚刚"相近,用于两个紧挨着的事件中的前一个事件,句法上一般位于前一分句的主语和谓语之间。我们来看下面的例子:

(124) 我跟着到屋,电话就响了。
(125) 我们跟着提到你,你就来了。
(126) 他跟着出去,你快点撵(追)还能撵(追)上。
(127) 那小鸡儿跟着能下蛋,就让他杀吃肉了。
(128) 我小妹妹跟着会走路,就让我爹妈给送人了。

上面五个例子都表示短时义。例(124)是在说明"我进屋"和"电话响"这两件事情紧挨着发生,中间间隔的时间非常短。例(125)与例(124)类似,也是在强调"提到你"和"你来"中间时间相差之短,这两例都是在说明已经发生了的情况。例(126)则与前两例有所不同,虽然还是在强调"出去"和"撵"两动作紧接着发生,但后一分句却是在说将要发生的情况,是对将要发生情况的假设,"如果你立刻去追,还能追得上"。从说话者时间上的着眼点来看,前三个例子都是立足于现在,是在说明此刻刚刚发生的事情。而例(127)和例(128)则是在叙述比较久以前发生的事情,强调那时的两件事是紧挨着的,"小鸡儿能下蛋"和"被杀了吃肉"两件事应该距离现在有一段时间了,"我小妹妹会走路"和"被送人"

这两件事更可能是发生在说话者年幼的时候,是在叙述多年前的人生经历。

所以综合上面的例子我们可以看出,哈尔滨方言中副词"跟着"的特殊用法是一般不出现在独立的单句中,都会有后续句,表达两者之间时间上的紧密关系。从"时"范畴来看可以着眼现在也可以着眼过去,后一分句可以假设将来,表达"要做"或"想做"的事情,但两分句不能都用于表示将要发生的事情,我们把这种用法称为"跟着$_3$"。

我们对"跟着$_3$"的来源现在还不能说得很清楚,但应该与"跟着$_2$"有某些关联。因为"跟着$_2$"和"跟着$_3$"表示的意义非常相近,只是所处的句法位置不同,有的甚至移动后句子的意义都不会受什么影响,如例(124)"我跟着到屋,电话就响了"与"我到屋,跟着电话就响了",意义上差别不大,只是限于文献中方言材料的缺乏,难以找到明晰的演化脉络,所以只能做一些猜想与假设,希望日后随着材料的丰富,能够对这一问题做出更科学的解释和说明。

(二)"拿着"

1. "拿着"在哈尔滨方言中的用法

普通话中,"拿着"是一个动词性结构,是动词"拿"加表持续体标记"着",表示"物品置留于手中"这一状态。

句法上,其后可以直接加名词,也可以单独出现。如:

(129)他进来时,手里拿着一把手枪。
(130)你先拿着,进屋以后再给我。

例(129)中,"一把手枪"充当"拿"的宾语,而例(130)中,由于"拿着"的东西出现在对话现场,是说话双方都知道的,所以省略不说,是一种基于语境的省略用法。从状态上看,此时的"拿着"只是事件进程中的一段,不涉及起始与完成,我们把"拿着"的这种用法记为"拿着$_1$"。

"拿着"还可以和其他动词连用,此时可以表示两种意思,一种是两个动作同时发生,"拿着"更倾向表示一种状态,如:

(131)我盖完章递给他,他一刻都不敢耽搁,拿着材料就直奔火车站。

(132) 我指了指桌上的钱,他看了一眼,拿着就出去了。

上面两例中,"拿着"和后面的动作"直奔火车站""出去"是同时发生的,在做后一个动作的时候,前面的"拿着"依然在持续,所以说这里的"拿着"更像是在描述一种状态。但从事件进程上看,此时的"拿着"却增加了起始的过程,是从开始拿并且一直持续着,我们将该种用法记为"拿着$_2$"。

"拿着"与其他动词连用的另一种意义是表示两动作紧接着发生,中间也常用"就"相连。如:

(133) 我把床单拽下来,他拿着就扔到了医院的走廊里。
(134) 我把包裹交给他,他拿着又递给了他妈妈。

该类形式一般都存在于接连发生的动作中,如例(133)是"我先把床单拽下来",然后"他拿着并且立刻扔到了医院的走廊里","拽、拿、扔"三个动作紧接着发生。例(134)则是"我先将包裹交给他",然后"他接到以后又递给了妈妈","交、拿、递"三个动作紧接着发生。在这三个动作中,"拿"处于中间,相当于一个过渡的环节,因此在进程上是有开始有结束的,我们把这种用法记为"拿着$_3$"。

在哈尔滨方言中,"拿着"与动词连用还有第四种用法,我们来看下面的例子:

(135) 我刚把这事告诉她,她拿着就告诉了她妈妈。
(136) 她刚得着信儿,拿着就跟我爸说了。

此时的"拿着"一般也与"就"配合使用,后接"言说类"动词,表示"立刻、马上"的意思。从事件的进程上它与"拿着$_3$"相同,都表示有开始、有结束,差异在于此时的结束并非真正的结束,由于后面接的是"言说类"动词,所以只是将消息传递出去,这并不影响其本人对该消息的持有。而且此时的"拿着"已经语法化为了一个副词,表示"立刻、马上"的意思,说明前后两个动作紧接着发生,我们把这个"拿着"称为"拿着$_4$"。

2. "拿着"四种用法之间的关系

"拿"本字为"挐",《说文解字·手部》中解释为"挐,牵引也,从手,奴声",对动作所处状态语焉不详。《汉语大字典》中将"拿"在动作不同进程中的意义分开来表示,一个为"用手取",另一个为"握在手里"。《汉语大词典》则将该进程合并,解释"拿"时的第一个义项即为"用手取,握在手里",其实这两种状态本就是相通的,一种持续的状态一定有它的起始阶段,只要不是瞬时性的动作一般开始以后都会持续一定的时间。所以"拿着$_1$"和"拿着$_2$"之间是一致的,都表示"物体握于手里",不同的就是"拿着$_2$"处于一个连续的动作之中,所以会表达出起始义,有开始并继续的意思,而"拿着$_1$"由于没有这样的语境,所以只是凸显了状态的持续即对物体的"持有"阶段。

"拿着$_3$"是对进程的完整描述,从起始到持有再到结束,但对"结束"的表达并不是"拿着"一词本身表现出来的,而是由上下文语境赋予的。由于是表达一个动作流程,"拿着"只是一个中间的环节,所以从后面对物品的处理中我们就可以推测出"拿着"的动作已经结束。

从"拿着$_2$"到"拿着$_3$"我们发现,在表示连续性的动作时,"拿着"常与"就"连用,"就"决定了"拿着"与后面的动作是紧密相连的,无论"拿着"这一动作是否结束,后面的动作都会迅速出现,这种"短时性"在"拿着$_3$"中表现得更为明显,因为涉及"开始—保持—结束"这样完整的一个过程,作为保持阶段的"拿着$_3$"一般是转瞬即逝的。① 久而久之,"拿着"的持有义不再凸显,"不凸显"的原因主要是跟"拿着"本身的语义特点有关。前面说过,词典中对于"拿"的解释主要强调"用手取"和"握在手里"。在一组连续的动作中,如果要对某一物品进行处置时,最常见、信息量最低的动作就是"拿",因为"处置"动作我们一般都是用最灵活的手部来完成的。所以当"拿着"与

---

① 汉语中如果"持有阶段"较长,一般不用"拿着"来表示,因为"动词+着"后不能加表示时间段的成分。

"就"连用时,"拿着"的"持有"义被弱化,而"就"的"短时"义得到了凸显。

语义上的变化只是"拿着$_4$"用法出现的一个条件,另一个条件我们认为是"信息传递"与"物品传递"的象似性。我们不难发现,"拿着$_3$"中无论是"拽下床单——拿着床单——扔到走廊"还是"递给包裹——持有包裹——交出包裹"都是一个物品传递的过程,现实世界中可以传递的不仅只有固态的物品,还可以是以声波形式和概念形式存在的消息,所以消息也可以完成这样一个"得到消息——持有消息——递出消息"的转移流程。这种象似性使得该流程中传递的内容发生了泛化,反映到语言中也就是能够搭配的词语发生了泛化。不再只限于"物品",传递的方式也不只限于手部动作,而是增加了"口耳相传"。在这种情况下,"拿着"强调手部动作的意义进一步弱化,"就"的短时意义进一步凸显,久而久之,"拿着"也受到了"就"意义的同化,在哈尔滨方言中语法化为了一个表示短时意义的副词。

四 哈尔滨方言中的语气副词

(一)"指定"

1. "指定"在哈尔滨方言中的用法

汉语普通话中,"指定"主要作为动词,表示"确定"(做某事的人、时间、地点等),我们来看《现代汉语词典》中的例子:

(137)指定他做大会发言人。
(138)各组分头出发,到指定的地点集合。

在哈尔滨方言中,"指定"的该种用法使用频率非常低。但它的另一用法却在哈尔滨方言中非常常见,如:

(139)你放心吧,他指定不能来。
(140)咱们可别等他了,他指定是自己先去了。
(141)你就把这活交给我吧,我指定干得板板正正(干净利索）的。

(142) 放心吧，我指定把他干（打）趴下。

(143) 你们别找了，指定让他给扔了。

从上面的例子可以看出，"指定"在哈尔滨方言中一般用于主语之后、动词之前，其后可以加助动词，如例（139）；也可以加普通动词如例（140）和例（141）；还可以加"把字句"和"被字句"（包括"让、叫、给"等），如例（142）和例（143），用法十分丰富。

从性质上看，这里的"指定"是语气副词，意在加强对自己所表达观点的肯定语气，语用上是极力让对方认同自己的观点。

普通话中，该种表达一般由语气副词"肯定"来承担。我们在调查中发现，哈尔滨方言中"肯定"的语气副词用法依然存在，于是就出现了"指定"与"肯定"竞争的局面。基于语言"经济原则"它们在哈尔滨方言中进行了分工，语义略有区别。如：

(144) 我们勘察了足迹，老虎肯定是往那头跑了。

(145) 那都不用问，老虎指定是往那头跑了。

"指定"的用法似乎更加土俗，在表达上也显得主观性更强一些，一般不需要提出强有力的根据，只是突出个人的观点，希望以此来带动对方认同，说服力稍差。而"肯定"显得说话人的依据更加充足，客观性更强，突出是在找到了一定的根据以后才做出的判断。所以在例（144）中，由于有"勘察足迹"这样的前期准备，依据较为充足，所以用"肯定"接受度更高一些，而例（145）只是他个人的主观判断，并没有提出客观的依据，所以一般用"指定"。

2. 哈尔滨方言中"指定"的来源

对于"指定"一词的来源，从我们找到的资料来看，最早应出现在隋唐时期。在这一时期的文献中，我们找到了3例：

(146) 并提出吕才既已执情，道俗企望指定，望谘三藏裁决，传示四众。(《大慈恩寺志》卷七)

（147）铦谬膺驳正，敢废司存？请傍移礼官，以求指定。（《大唐新语》卷之三）

（148）请旁移礼官。并求指定下太常寺。请议公主合与王皎合葬可否。（《唐会要》卷五十四）

这三例中的"指定"均表示"指示并确定"的意义，而且是"请对方来确定、认定"。由于是"请对方来做"，主语得到的只是"确定"以后的结果，所以主观化色彩要弱一些。从句法环境来看，前两例后面没有接其他成分，例（148）后虽接的是动词性成分"下太常寺"，但和"指定"应为述宾关系，"下太常寺"是"指定"的内容。

"宋辽金"时期，"指定"的用例不仅数量增加，而且在意义和用法上也逐渐丰富。意义上不仅可以表示"请别人来确定"，还可以表示"说话人自己来确定"。如：

（149）若不破钱，必有因循犯法之毙，若一一支破官钱，缘名件细碎，难以指定。（《续资治通鉴长编》卷三百三十七）

（150）当每官指定，各以何声取何弦为唱，各以何弦取何律为均，乃见详实。（《宋史卷》一四二）

（151）今若指定十里内修筑堡铺及分生熟地，即不惟不依绥州体例，兼于已牒过西界相照接连取直为界，事理相戾。（《续资治通鉴长编》卷四百三十七）

例（149）—例（151）中的"指定"均表示"由说话人或句中的主语自己来确定"，而不再是"请示别人来确定"，"确定"的主体由对方变为自己，"确定"的主观性也随之增强了。

同时，"指定"后面所接的成分也逐渐丰富，如：

"指定"后接名词性成分：

（152）后遂著令，指定下马处。（《续资治通鉴长编》卷二百四十二）

（153）又批令于两班中，择昭穆相当二三岁以下者，指定一员，

以奉其祀。(《齐东野语》卷十四)

"指定"后接动词性成分：

(154) ……指定于何处放水，自何月日兴工，至何时了毕，委得不致误事，结罪以闻。(《续资治通鉴长编》卷四百二十一)

(155) 每赐诸军犒钱，但给头子，指定于某处支钱，军士各使其家人往请。(《续资治通鉴长编》卷七十)

"指定"后接小句：

(156) 夏国已指定十一月十日交付人户，却欲同日受领四处废寨。(《续资治通鉴长编》卷四百三十四)

(157) 自今指定上、下水门砌叠处不动，夹河居民之屋亦不毁除，只去两岸积坏，使河流通快。(《宋史》卷九七)

元代用例较少，我们仅查到79例，意义及用法基本沿袭宋代。但到了明代，"指定"出现了一种新的用法：

(158) 忽崔长者走近前来，指定刘英骂道："负义之贼！今日负我，久后必负朝廷。望大人作主。"(《包龙图判百家公案》第二卷)

(159) 晋王指定朱温骂曰："无端逆贼，不思去邪崇正，夺人妻小，真狗彘之不如也！"(《残唐五代史演义传》第二十八回)

(160) 德威接剑在手，指定晋王曰："大王亲自领兵十万，南首埋伏，不许妄动，等待天明，听中军炮响，方许杀来。"(《残唐五代史演义传》第十九回)

上面三例中的"指定"与前代有了明显的不同，意义上不再表示"确定"，而是描述"指着"的动作，但这种用法一般后面都接"言说类"动词，如"说、道、骂、曰"等，构成并列关系。而在有些例子中，此种用法"指定"的宾语还出现了承前省略的情况，如：

（161）对阵中翟兴见黄罗伞下一人横刀勒马，知是刘豫，指定骂曰："背国逆徒，食君之禄，不思报本，今日要往哪里！"（《大宋中兴通俗演义》第三十一回）

（162）敬德心焦发怒嗔，鞭稍指定骂皇亲："家住邠州榆次县，勾栏瓦舍是家门。"（《大唐秦王词话》第五十七回）

（163）老叟用杖指定道："那厢不是一匹马，两个包袱么？"（《四游记·西游记》卷二）

（164）行者指定道："那厢是老孙降伏的妖精抬轿来送你哩。"（《西游记》第七十六回）

从我们检索到的用例中可以看出，这种省略宾语以至"指定"与后面动词直接相连的情况在明代非常普遍，后面直接接动词的搭配客观上使"指定"处在了一个容易"语法化"的位置，并且从语义上来说，这里的"指定"其实就相当于"指着"，是在强调"指"与"言说类"动词所表示的动作同时进行，所以更倾向于理解成一种方式，如"躺着看书""站着聊天"，我们前面说过，方式回答的是"怎么"的问题，与副词表达的语义有相通性。

虽然我们无法准确知道"指定"是从何时开始在哈尔滨方言中语法化为语气副词的，但从我们上面的分析中可以知道，至少在明代的时候，汉语中出现了适合于"指定"语法化的句法环境，同时"指定"一直以来的"指示并确定"义也为其语法化增加了语义上的可能，因为"指示并确定"也就是一种"确认"，而"确认"本身属于语气范畴。

当然，谈到某一个词的语法化，就会涉及动因问题，即是什么促使它发生了变化。对于"指定"在哈尔滨方言中出现了语气副词的用法，我们觉得应该和近代汉语中语气副词的更替以及双音节词大量使用有关。根据杨荣祥（2005：367）的考察，发现在近代汉语中，新旧副词兴替频繁，其中表现最为突出的即是"指定"所属的表"确认、强调"这一小类，"这一小类副词在上古汉语中数量并不多，而且有些到近代汉语中已经消亡或只偶见使用"，"但在近代汉语中这一小类语气副词发展很快，产生了大量的新词；有些中古时期开始出现的副词也逐渐广泛使用开来"。消亡的多是单音节的语气副词，如"雅、允、适、诚"，而新出现的则以双音节为主，如"本来、必然、到底、果然、恰好、元本、毕竟、元来、断然、反而、反倒、自然、委实、恒是、紧自、其实、一定、固自、真个"等，这应该与汉语词汇双音节化的历时发展密切相关。

同时为了使"指定"语法化的论据更加充分，我们还考察了普通话中常见的表确定的语气副词"肯定"，其发展脉络与哈尔滨方言中的"指定"大致相当。

从我们的考察来看，"肯定"作为语气副词的用法，也是从明代才开始出现的。之前形式上虽然也偶有见到，但都是"肯"加"定"即"愿意确定"的意思，如：

(165) 讹庞不肯定屈野河界，恐汉兵先据其境，辄屯兵河西，以诱官军。(《西夏书事》卷十九)

这里的"肯定"就是"愿意确定"的意思，是主语"不愿意定屈野河界"。同样是到了明代，"肯定"出现了语气副词的用法，如：

(166) 老人跪拜恳求说："妖孽已经形成，助纣为虐的很多，属卒虽然前去，恐怕最终没有好处。倘若不是派遣神兵前去剿捕捉，肯定不能够将它捉来。"(《剪灯新话》卷三)

虽然限于方言文献缺乏等原因，我们无法查到关于"指定"语气副词用法的确切史料，但从当时表确认语气副词的出现情况及适合语法化的句法环境出现年代等因素推测，"指定"应该也是在明代以后随着双音节表确认义的语气副词大量出现而逐渐虚化出了现在哈尔滨方言中的用法。

(二)"左右"

在哈尔滨方言中，"左右"是一个出现频率很高的语气副词，但语音发生了变化，读为 [tsuo²¹⁴ liou⁴²]，我们先来看下面的例子：

(167) 左右咱们坐车去，那就等会儿再走吧。
(168) 他左右都和你道歉了，你就别生气了。
(169) 左右我也拿不着啥好处，我才不去和他掺和呢。

在上面三个例子中,"左右"作为语气副词强调"一种已经存在的事实或自己主观作出的判断",后一分句是基于前面事实或判断而给出的建议、作出的决定、进行的劝慰等。

1. "左右"出现的句法环境

据我们考察,"左右"一般只出现在表示因果关系的复句中,用在表原因的分句,可以出现在这一分句的主语后,也可以出现在主语前。如:

(170) 左右今天你家没人,咱们就去你家打一宿麻将吧。
(171) 他左右不认识你,让谁去拿还不都一样。

上面两例中,前后分句的因果关系明显,我们可以用表示因果关系的连词"因为……所以……"来进行替换"因为今天你家没人,所以咱们就去你家打一宿麻将吧""因为他不认识你,所以让谁去拿还不都一样",而"左右"又与"因为……所以……"不能共现,说明其与该组连词的作用是一样的,即凸显了两个分句中内含的语义关系,将这种潜在的因果关系明晰化了。

从"左右"的位置来看,例(170)中"左右"出现在了句首位置、主语之前,例(171)中它则位于主语后、述语结构前,这种位置的不同仅在篇章层面上有差异,对语义没有影响。例(170)和例(171)中前后分句的主语都不一致,而且例(171)中还是后一分句主语省略的情况,从我们考察的结果来看,只要语境允许,不影响意义的理解,后一分句的主语时常省略,但前一分句主语极少省略。

"左右"用于原因分句,其后的结果分句一般可以分为下面三种类型:

A:劝慰型。指说话方以"左右"所强调的原因来作为劝慰受话方的依据。如:

(172) 左右钱也找着了,你就别再哭了。
(173) 他左右已经道歉了,你就别这么难受了。

例(172)和例(173)中,"左右"强调的"钱找着了""他道歉了"是说话人劝慰的基础和依据，后面的结果分句是劝慰的具体内容。后面劝慰的具体内容不仅可以用陈述的方式，还可以用反问的方式来表达，起到加强语气的作用。如：

（174）他左右已经道歉了，你心里还有啥不得劲（不舒服）的呀？
（175）左右钱已经找回来了，你还生啥气呀？

在例（172）—例（175）中，"劝慰型"的原因分句均是积极方面的表述，而在实际的言语交际中，我们发现这一表述也可以是消极方面的，如：

（176）左右钱已经丢了，你就别太上火了。
（177）你们左右也不能复合了，就多往好的方面想吧。

"钱已经丢了""你们不能复合了"都是消极方向的意义表示，但也可以用"左右"来强调，这种情况下强调的是现在的状态无法改变，所以劝慰对方应该接受并面对现实。

B. 建议型。说话人以"左右"强调的事实为依据向受话人提出自己的建议或主张。如：

（178）现在左右已经晚了，咱们就别急着往前赶了。
（179）他左右也不经常回来住，你就把那个屋租出去算了。

例（178）和例（179）中，说话人向受话人提出了建议"别急着往前赶""把那个屋租出去"，建议的根据是前面"左右"强调的事实，这些事实一般都是已经发生了的，但也可以是按计划或常规应该发生的，如：

（180）左右明天他也得去，你就别再跑一趟了。
（181）他左右下午还得来，咱们就等到下午再找他。

"明天他去""下午他来"都是交际双方认可的必然会发生的事情,所以可以以此为依据来进行建议,如果只是可能发生,则不能用"左右"作为依据来进行强调。

C. 决定型。说话人以"左右"强调的事实作为自己决定的依据。如:

(182) 左右也没啥重要的事儿,那我今天就不去了。
(183) 左右网上也不便宜,我就去商店里买了。

例(182)、例(183)后一分句均为说话人做出的决定,决定的依据是前面"左右"强调的"没啥重要的事""网上也不便宜",做出决定的主体是说话人自己,所以"决定型"后一分句的主语一般为单数第一人称,少数语气比较直接、不必征求受话人意见的情况用第一人称复数的包含式即"咱们"。如:

(184) 左右这样式的衣服哪儿都有,咱们就再到别人家去看看。
(185) 他左右也没钱还,咱们就打他一顿出出气。

2. 语气副词"左右"的来源

在上一小节中我们说过,[tsuo²¹⁴ liou⁴²]是副词"左右"在哈尔滨方言中发生了音变的结果,下面我们就从语音和意义两个方面对这一论断加以说明。

语音上,声母 r、l 与零声母在整个东北方言中呈现出一种不稳定的状态。根据钱曾怡先生(2010:77)的调查,曾摄开口三等平声蒸韵的日母字"扔"在锦州、沈阳、吉林、白城、巴彦、讷河、佳木斯等地声母就都读 l。遇摄合口三等虞母字"乳"则表现得更为复杂,在锦州、巴彦读 r,在吉林、讷河、佳木斯读 l 声母,在沈阳则是 l 与零声母两读。由此可以看出,r、l 与零声母在整个东北方言中都有混读与音变的可能。

意义上,表空间义的"左"与"右"反义连用在先秦时代已表现出词汇化的倾向,在有些句子中似乎既可以理解为"左边和右边",又可以泛指"周边、周围"。如:

(186) 晋人逐之，左右角之。(《左传·宣公十二年》)

(187) 平平左右，亦是率从。(《诗·小雅·采菽》)

汉代以后，表示"周边、周围"义的"左右"终获凝固成词，语义也不再能理解为"左边和右边"，如：

(188) 火入之，一星居其左右，天子且以火为败。(《汉书·天文志》)

(189) 行如荥阳左右，周数百里，岁略不收，元元之命，实可矜伤。(《三国志·魏书·高柔传》)

上面两例，"一星"不能两处，所以所居之处只能理解为其周边，而不能既左还右。"荥阳左右"后有"周数百里"，可见不是只指该地左面与右面两个方位，而是泛指周围情况均是"岁略不收"。

凝结成词以后，泛指"周边、周围"义的"左右"开始从空间域向数量域演变，产生了表示"大约数目"的用法。从我们查阅的材料看，从汉代开始，"左右"出现在了数量结构之后，如：

(190) 语称上世之人侗长佼好，坚强老寿，百岁左右。(《论衡·齐世》)

(191) 锯鱼长二丈，则口长当十之三左右，齿如铁锯，生于潮、惠为多。(《广志绎》卷四)

上面两例中，"左右"用在数量结构之后，表示此数并不准确，只是大约的数目。"左右"这种表示约数的用法一直使用至今。

空间域向数量域的演变是人们将直观的空间感受映射到了抽象的概念系统，用隐喻的方式凸显其象似性。这种隐喻的方式也同样可以适用于时间域，大约在宋辽金时期以后，"左右"开始用于"时间点"之后，如：

(192) 生携莺宵奔蒲州，时二更左右。(《西厢记诸宫调》卷三)

（193）二更左右，明月当空，赵、西二人同去劫寨。（《东西晋演义》第七十六回）

　　上面都是"左右"作为名词的用法。根据董正存（2008）的考察，从隋代开始，汉语中的反义复合词开始出现转化现象，最早是"长短"从长度表达演变为表示主观上所认定的绝对条件，出现了副词的用法，下面用例转引自董正存（2008）：

　　（194）饱暖饥寒何足道，此身长短是空虚。（白居易《即事寄微之》）

　　（195）他日未开今日谢，嘉臣长短是参差。（李商隐《樱桃花下》）

　　（196）长短此身长是客，黄花更助白头催。（司空图《狂题》）

　　继"长短"之后，元明时期，①"左右"产生了副词的用法，用来表示对已然发生的事实或主观判断的强调，如：

　　（197）大娘子骂他怎的，我和你左右是念佛看道场耍子，便等他睡睡何妨。（《禅真逸史》第七回）

　　（198）那边房子左右有老冯看守，你这里再叫一个，和天福儿轮著晚夕上宿就是，不消教旺官去罢，上房姐姐说他媳妇儿有病，去不的。（《金瓶梅词话》第二十回）

　　（199）你左右将到村里去卖，一般还你钱。便卖些与我们，打甚么不紧。（《水浒传》第十六回）

　　（200）阿姆我又不惹你，如何将我比臭污？左右百岁也要死，和你两个做一做。（《清平山堂话本》卷四）

　　上面四例中，例（197）、例（198）"左右"强调的是已经发生的事

---

① 从查找到的实例看，"左右"的副词用法应在元代就已产生，但均出现于元曲的宾白处。根据杨荣祥（2005）的看法，元曲的宾白并不宜肯定其是元代语料，所以统称为元明时期。

实，例（199）和例（200）"左右"是对主观判断的强调。后面跟随出现的句子，例（197）、例（198）、例（199）可以归入我们前面分析的"建议型"，例（200）则可以归入"决定型"。"左右"演变为副词后，不仅可以用于句中，还可用于句首，如：

（201）左右你的头硬，便试一试铜铡，也不妨事。（《全元杂剧·孟汉卿·张孔目智勘魔合罗》）

（202）左右我的女儿在家，也受不得这许多气，便等他嫁了人去，倒也静办。（《全元杂剧·李行甫·包待制智赚灰栏记》）

从上面的例子可以看出，此时的副词"左右"无论从句法位置还是语义语用来说，和哈尔滨方言中［tsuo^{214} liou^{42}］已经没有什么区别。据此并考虑东北官话中语音的变化情况，我们认为哈尔滨方言中的［tsuo^{214} liou^{42}］就是副词"左右"在方言中的遗存。

那么为什么"左右"副词用法最终没有进入普通话系统中呢？这主要是其在与副词"反正"的竞争中落败的结果。根据太田辰夫先生（1991）的观点，情态副词"反正"是清末才产生的，我们的考察结果也印证了太田先生的观点，如：

（203）反正是不说实话，叫作不行。（《春阿氏谋夫案》第八回）

（204）吕福一听，暗想反正是夜间用，谁管他破不破呢。（《大八义》第二十二回）

（205）反正有的是时间，今天过了，还有明天，明天过了，还有后天，大后天……（《御香缥缈录》第十三回）

此时的"反正"用于动词性结构之前，强调的都是已经发生的事实，意义上与"左右"相近。意义与用法的近似使"反正""左右"处于竞争状态，我们现在还无法了解"左右"是如何在这场竞争中最终落败的，但语言事实告诉我们，副词"左右"只保存在了一些方言中，而在哈尔滨方言中它的语音还发生了变化。

第三章　哈尔滨方言中的虚词

第一节　哈尔滨方言中的介词

一　"搁"

在哈尔滨方言中，"搁"是一个使用频率很高的介词，后面分别可以接表示动作发生的处所、动作行为的起点、经过的路线、使用的工具等多种类型的宾语。

（一）哈尔滨方言中介词"搁"的句法语义表现

1. 介引动作发生的处所

哈尔滨方言中，介词"搁"可以引出动作发生或事物存在的处所，此时读 [kɤ²¹³]，相当于普通话中的介词"在"，"搁+宾语"可用于动词、形容词或主语前。如：

(1) 我们就搁这个旅店住一宿吧。
(2) 搁他家我们都谈好了，谁知到这儿又变枕子（改变主意）了。
(3) 那孩子搁家可懒了，到这儿还勤快上了。
(4) 那书就搁桌子上放着，说啥就没看见。

例（1）和例（2）中，"搁"引出的是动作发生的处所，例（3）和例（4）中"搁"则引出了事物存在的处所。例（2）中"搁+宾语"出现在了主语前，例（3）中"搁+宾语"出现在了形容词前，这两个位置对"搁+宾语"的意义没有什么影响，不同仅是基于篇章层面连贯性上的考虑。

与"在"不同的是，哈尔滨方言中接处所宾语的"搁"只能出现在述语结构之前，不能出现在述语结构之后，只能充当状语，不能充当补语。如不能说"＊住搁这个旅店｜＊出生搁哈尔滨｜＊车停搁大门口了"。

"搁"后面的处所不一定都是具体地点，有时也可以是一个抽象的范围，如：

(5) 你可得搁学习上多帮帮我们孩子。
(6) 他搁这方面还是挺有天赋的。

"学习上""这方面"都不是具体的地点，但依然可以充当"搁"的宾语来标示后面述语适用的范围。

2. 介引动作行为的起点

哈尔滨方言中，介词"搁"后还可以引出动作行为的起点，此时也读 [kɤ²¹³]，相当于普通话中的介词"从"，后接方位或处所词语。如：

(7) 这么一大早就敲门，你这是搁哪儿来呀？
(8) 你搁这儿往南走，过了前面十字路口就到了。
(9) 我才搁家出来，得一个小时能到你那儿。
(10) 搁东面数第三家就是他家。

上面四例中，"搁"后所接的都是动作行为的起点。对该"起点"没有方向上的要求，既可以是由远及近，如例(7)，也可以是由近及远，如例(8)和例(9)，还可以是无远近差别的起始，如例(10)。

"搁"后不仅可以接具体的处所作为动作的起点，还可接抽象的处所作为行为的出发点，如：

(11) 我搁心眼儿里讨厌他。
(12) 这时候搁脑海里冒出了一个念头。

当"搁"与"到"配合,组成"搁……到……"结构来表示某一范围时,一般要求起点和终点都是较为确定的地点,不能只用方向性的词搭配使用。如:

*搁南到北　　　　*搁前面到后面　　　　*搁国外到国内
搁这儿到那儿　　　搁家到学校　　　　　搁哈尔滨到长春

"搁"后面有时也可加表示时间的宾语,说明动作行为时间上的起点,如:

(13) 搁那时起,他就一直埋怨我偏心。
(14) 搁那天以后,我就再没见过他。

但这种用法只适用于描述过去的情况,不能用于表达将来的情况,如:

(15) *搁现在起,你就不行离开这个屋了。

哈尔滨方言中,要表示时间上以现在为起点到将来,一般用"从"或者是"打"。

(16) 从/打现在起,你就不行离开这个屋了。

3. 介引判断获知的根据

"搁+宾语"在哈尔滨方言中可以表示判断、获知的根据,此时后面的动词一般为"知道""听出""看出""猜出"等获得类动词结构,如:

(17) 搁脚步声我就能知道是你来了。
(18) 搁发型上我们看出那应该是个女人。
(19) 搁脚印上我们还不能断定是不是野生东北虎。

后接"根据类"宾语的"搁"读音上也读［kɤ²¹³］，与普通话中"从"的此类用法不同的是，"搁"只能用于"判断获知"类的句子，其他类型表示抽象出发点意义的句子不能用"搁"，如：

（20）我们必须从实际出发去思考问题/＊我们必须搁实际出发去思考问题。
（21）我们从工作方面考虑允许你休假/＊我们搁工作方面考虑允许你休假。

4. 介引动作经过的路线

在哈尔滨方言中，"搁+处所宾语"用于动词前还可以表示动作行为所经过的路线，此时"搁"也读［kɤ²¹³］。如：

（22）他早晨搁桥上推过来，晚上再搁桥上推回去。
（23）你们搁这条道走最近。

"桥上""这条道"是后面动词"推"和"走"的路线。这个路线也可以用中间的某一点来说明，如：

（24）他们回回都搁我家门前过。
（25）你想搁这树下过，就得给我钱。

"门前""树下"都只是路线中的某一点，说话人用这一点来明确整条路线的走向。

5. 介引动作所凭借的工具、方式或手段

"搁"后可以加宾语，用以表示后一动作所凭借的工具、方式或手段，相当于普通话中的"用"。哈尔滨方言中能引出此种宾语的介词有［kɤ⁴⁴］［kau⁴⁴］［kau²⁴］三种读音，读音虽有异，但用法完全相同。笔者认为三种读音的本字均为"搁"，具有同一性，在现实层面只是文白读的区别，存在这种差别应是古音演变的结果。下面谈一下我们的理由。

"搁"在以广韵为代表的中古音系统中属于"宕摄开口一等入声铎韵

见母字"，韵母为"宕摄开口一等入声铎韵"的诸字在现代的语音系统中大概表现为 e、o、uo、ao 四种韵母形式。①

韵母为 e 的有：搁、乐_{快乐}、阁、各、貉_{一丘之貉}、涸、鹤、恶_{恶心}、恶_{善恶}、胳

韵母为 o 的有：薄_{薄弱}、泊、箔、粕_{糟粕}、摸、莫、寞、漠、魄

韵母为 uo 的有：落、洛、骆、络、索、度_{揣度}、踱、托、诺、作、昨、错、郭、廓、获、错_{错综}、酢、怍、柞

韵母为 ao 的有：貉_{貉子}、薄_{薄厚}、落_{落枕}、烙、酪、凿、郝

从上面的例子中我们可以看出，"宕摄开口一等入声铎韵"在现代汉语普通话中表现为两读的并不少见，如：作为"宕摄开口一等入声铎韵匣母字"的"貉"在现代汉语中就有"háo"和"hè"两读。作为"宕摄开口一等入声铎韵来母字"的"落"也既可读为"luò"又可读为"lào"。有的虽然在普通话中只有一种读音，但在方言中则还有一种白读用法，如"恶"是"宕摄开口一等入声铎韵影母字"，"恶心"在东北方言中还可以白读成"nǎoxīn"，"鹤"除了"hè"这一读音外，在哈尔滨周边地区还可以白读成"háo"，黑龙江的鹤岗市，当地人将其读为"háogǎng"。所以我们推测 [kɤ⁴⁴]、[kau⁴⁴]、[kau²⁴] 包括前面我们讲到的 [kɤ²¹³] 四种读音都应只是文白读的差别，而并非有不同的来源。参考"恶心""鹤"文白读的语音表现，以及笔者自己调查的实际感受，我们认为 [kɤ⁴⁴] 应为其文读音，而 [kau⁴⁴] 和 [kau²⁴] 音则使人觉得更为土俗。

哈尔滨方言中，"搁"引出工具宾语，如：

（26）你都这么大了，咋还能搁手抓呢，以后必须搁筷子夹。
（27）你搁扳子（扳手）使劲拧拧，省着它总开。
（28）我搁钥匙捅了半天，就是打不开。

上面三例中，"搁"的宾语"手""扳子""钥匙"都属于典型的工

---

① 鉴于此处是说明普通话的一般情况，不涉及要求具体准确的发音，因此不以国际音标而只以汉语拼音形式标注。

具范畴。除了典型的工具范畴外,"搁"还可以引介方式范畴和材料范畴,如:

(29) 你别搁这种语气跟我说话。
(30) 你再搁这种方法试试。

"语气""方法"都属于方式范畴,方式范畴还可以包括态度、姿势、腔调等具体内容,用在"搁"后都是在描写行为依据的具体方式。

(31) 今天搁苞米面汉点粥(煮点粥)。
(32) 他们以前经常搁萝卜刻戳儿。

例(31)、例(32)中,"苞米面""萝卜"是制作后面述宾结构中宾语的材料,与工具宾语相比,材料宾语具有易耗性,最终会成为行为结果或行为结果的一部分。

"搁"加方式范畴的宾语时,该宾语除了可以是名词性结构外,还可以是动词性结构,如:

(33) 他只能搁打麻将来消磨时间。
(34) 搁喝酒来麻醉自己。

"打麻将""喝酒"这样的活动成为主语"消磨时间"和"麻醉自己"的方式。

(二)哈尔滨方言中介词"搁"的类型学意义

1."搁"介引"发生处所"与"动作起点"

汉语中标示动作起始点的"来源格"与标示动作发生地的"处所格"关系密切。从语义关系上来看,当句中的动词性结构暗含运动性和方向性的时候,发生这个动作的源头也就是动作的起点,如:

(35) 我从家来。
(36) 今天下午从哈尔滨起运。

"来"具有明显的方向性,"家"既是"来"的源头,也是"来"这一动作最早的发生地。"起运"的"方向性"则是隐含的,暗含"开始大规模长途运输的意思",这种运输方式的"方向性"很强,一般是由一个城市到另一个城市,距离也较远,"哈尔滨"既是"起运"的起始点,也是起运动作的最早发生地。所以"处所格"和"来源格"之间语法化的语义基础就是概念之间的空间相关性,紧密的关系很容易由此及彼产生概念的游移。

从语言的现实表现来看,汉语中也确实存在大量的"处所格"与"来源格"共用一个介词的情况,如:山东栖霞方言中的介词"跟"(刘翠香,2004)、安徽颍上方言中的介词"搁"(吴晓红,2009)、广东潮汕方言中的介词"在"(陈海忠,2003)、山东济宁方言中的介词"从"(徐复岭,2002)、山东济宁方言中的介词"朝"(徐复岭,2002)、福建平和方言中的介词"自"(庄初升,1998)、山西芮城方言中的介词"到"(李改样,1999)、湖南平江城关方言中的介词"落"(王众兴,2009)、湖南益阳方言中的介词"在"(崔振华,2009)、山东商河方言中的介词"逮"(张虹,2006)、江西石城(龙岗)方言中的介词"打"(曾毅平,2000)等等,虽然所用的介词各异,但语义上都同时标示"处所格"和"来源格"。从它们之间的关系来看,其演变路径是双向的,也就是说有的是从"处所格"到"来源格"、有的则是从"来源格"到"处所格"。

2."搁"介引"动作起点"与"判断获知根据"

本节中描写了"搁"在哈尔滨方言中介引"判断获知根据"的用法,其来源我们认为应该出自其介引"动作起点"即"来源格"的情况。从心理学的角度来说,人的行为是受其认知管控的,自然语言作为人类最重要的交流工具,其本质是人类把对客观世界的感知进行编码的结果,语法化也是该认知过程的反映与表现。对于语法化的分析很大程度上依靠的是人类的认知规律,而人类从认知上来说都是从具体到抽象的,因此其映射到语言上也应该是从具体到抽象,从"空间域"到"概念域"的。介引"动作起点"的"搁"显然属于"空间域",而介引"根据"的"搁"属于"概念域",它是基于说话人的主观判断所得到的结果,是在说明说话人概念中的一系列认识活动的起点。

从语言的现实表现上看,汉语普通话中表起始义的介词"从"本身就可以同时用于表"根据义",如:

(37) 从哈尔滨到北京坐火车需要八个小时。(来源格)
(38) 从这些情况看来,事情比我们想象的还要复杂。(根据格)

汉语其他方言中也有很多类似的情况,如山东栖霞方言中的介词"跟"(刘翠香,2004)、湖南长沙方言中的介词"走"(张小克,2002)等。由于很多文章直接将"根据义"包含于"起始义"之中,没有单独将其列出,所以我们找到的例子并不多。

3. "搁"介引"动作起点"与"经过路线"

根据我们跨方言的考察结果来看,介引"经过、经由"义的介词与介引"起始义"的介词关系密切。如长沙话中的介词"走",就既可以标示动作的起点,又可以标示经过的路线,如引自张小克(2002):

(39) 你走哪里来?——我走袁家岭来。(起始义)
(40) 他走我门口过身时绊哒一跤。(经由义)

普通话中也有相似的用法,所用的介词是"从",如:

(41) 你从哪里来?——我从哈尔滨来。(起始义)
(42) 他从我门前过的时候摔了一跤。(经由义)

西宁方言中的"埃"和"吵"虽然是后置介词,但也是既标示"起点"又标示"经过的路线",如引自王双成(2012):

(43) 我出差去着前日北京埃/吵刚回来啊。(我去出差,前天刚从北京回来)(起始义)
(44) 你前头埃去,我后头埃走。(你从前面走,我从后面走)(经由义)

刘丹青（2003：201）通过观察发现很多方言中的来源格都有与经由格共用的趋势，因此刘文认为苏州话中的"勒"表"经由"可能就是从表"来源"发展而来的。从认知的先后顺序来说，动作的起点、终点凸显度更高，应该属于优先认知的序列，而对路径的描述应该在起点、终点之后，而且如果不是以地图为标示，我们也很少直接说明整条路径的情况。当我们面对两条路，向对方说明选择从哪条路走时，由于路的走向是确定的，因此我们所面对和指明的也只是这条路的起点，此时"从这条路走"和"从这一点开始走"在语义上来说几乎是等值的，从"起始"义引申出"经由"义也是说得通的。所以我们认为哈尔滨方言中"搁"的"经由"义应该来源于它的"起始"义。

4. "搁"介引"凭借"义与介引"起始""处所"义

从跨方言的对比来看，"凭借"义与"起始"义、"处所"义共用一个介词的现象在其他方言中也存在，如在闽语的平和方言中，介词"自"就同时引介"起始""处所""凭借"类型的宾语，引自庄初升（1998）：

(45) 自广州遘北京，火车着行三十外点钟。（从广州到北京，火车得走三十多个小时。）（起始义）

(46) 我明载拍算自因兜食暗着好。（我明天打算就在他家吃晚饭。）（处所义）

在平和方言中，"自"引出的"凭借"类宾语也可以分为"工具""材料"和"方式"三种，与哈尔滨方言中的"搁"基本对应。

(47) 歹囝仔自手〈的〉铁支仔共伊凿落去。（歹徒用手里的铁棍捅他。）（工具义）

(48) 自〈这些〉柴〈可〉做一顶眠床。（用这些木柴可以做一张床。）（材料义）

(49) 药丸仔自〈整〉粒吞落去〈较〉废苦。（药丸就整个儿吞下去才不会感到苦。）（方式义）

我们虽然还无法论证它们之间的引申关系，但从跨语言的角度来看，

"有语言用表示处所的'位格'表示工具,如维吾尔语(英语用 in 表示说话所用的语言也是用处所标记表工具)"(刘丹青 2008:309),所以我们认为哈尔滨方言中表"凭借"义的"搁"可能也来源于"处所"义。

二 "奔"

在哈尔滨方言中,介词"奔"有三种用法,分别为介引目标、来源、经由的路线等。为了行文方便,本书称为"奔$_1$""奔$_2$""奔$_3$"。

(一)"奔$_1$"的句法语义分析

"奔$_1$"的用法与普通话基本相同,表示"朝着某个方向、目标或对象",后面可以加处所词、方位词或表示具体目标的名词,"奔"后可加"着"。如:

(50)他们已经奔(着)山上来了。
(51)车队急速地奔(着)东北方向驶去。
(52)话还没说两句,他奔(着)张三就去了。

上面三例中,"奔"加宾语都是标示其后面动作的目标,目标可以是具体的物体,也可以是一个大致的处所或方向。如例(50)中"奔"的宾语是处所词,例(51)中"奔"的宾语是一个范围更大的方向,目标都不够具体。只有例(52)中"奔"的宾语是具体的人"张三","张三"成了行动方向的标示物。

在普通话中,介引目标宾语的"奔$_1$""后面的动词限于行走行为的'来、去、走'等少数几个"(侯学超,1998:24)。但在哈尔滨方言中,"奔$_1$"后面的动词还可以是单音节的"观察"类动词,如"瞅、看、瞧"等,此时"奔"后一般不加"着",如:

(53)你奔那面瞅。
(54)他奔楼下看了半天,也没看到人。

当"奔$_1$"后面是"观察类"动词时,"奔$_1$"的宾语不能是具体的物体。如果是具体的目标宾语，则直接出现在"观察"类动词之后，不需"奔$_1$"介引。

（二）"奔$_2$"的句法语义分析

在哈尔滨方言中，介词"奔"还可以跟处所词语、方位词语组合，标示动作的起点与来源的方向。后面的动词一般限于行走行为的"来、去、走、跑"及复合趋向补语"过来、下去、回来、上来"等。本书将该种用法的介词"奔"记为"奔$_2$"。如：

（55）奔东面跑过来两个人。
（56）我刚奔大队（村委会）回来，就看见他俩了。
（57）小偷应该是奔窗户进来的。

例（55）中"奔$_2$"后接表方向的词语，但并不标示具体的起点，只是指明了来源的方向。而例（56）和例（57）中"奔$_2$"的宾语则要具体得多，"大队（村委会）"是一个较具体的处所词，可以看做是动作的起点，"窗户"既可以看做是"进来"的起点，也可以看做是其途经的一个处所。

"奔$_2$"后如果以"这儿"为宾语，标示说话处即为出发点的话，还经常与"往、向"等搭配，如：

（58）你奔这儿往南走，一会就到了。
（59）你奔这儿向西去，过了镇政府就是。

当"奔$_2$"的宾语是"窗户""门缝"等较小的连通内外的特殊处所时，后面还可以接"观察"类动词，如：

（60）我奔窗户往外一看，外面真是够热闹的。
（61）你奔门缝往里瞅，看看都谁在里面呢。

此时的"奔"加宾语应看做观察的起点比较合适，因为在用上面这类例子时，说话人观察的地点一定是与后面的宾语距离较近，甚至需要紧贴着才能观察，如"门缝"，所以还是应看作是动作的起点。

由于标示"来源"义和"目标"义的"奔+宾语"句法位置相同，因此在实际运用中会有歧义的情况。如：

（62）奔食杂店跑来两个人。

这时既可能是以食杂店为起点——"从食杂店跑向我们的"，也可能是以食杂店为目标——"此时我们也正在食杂店里，是从别的地方跑向我们所在的食杂店的"。而消除歧义只能靠上下文语境来承担。

（三）"奔$_3$"的句法语义分析

介词"奔"在哈尔滨方言中还可跟处所、方位等词语组合，表示经过的路线和场所，我们记为"奔$_3$"，如：

（63）你奔这条路走，一会就能撵（追）上。
（64）火车刚奔桥上开过去。

例（63）和例（64）中，"奔"的宾语"这条路""桥上"都是主语途经的路线和场所。这个路线也可以用中间的某一点来说明，如：

（65）放心吧，他今天还得奔我家门前过。
（66）你天天奔大树底下走，就没看见树上有果儿？

"我家门前""大树底下"都只是路线中的某一点，说话人用这一点来明确整条路线的走向。

（四）哈尔滨方言中介词"奔"的语法化

读去声的"奔"在《汉语大词典》中的解释为"走向、投靠"，并且词典中还举了《史记》中"奔"使用较早的例子，"吴粮绝，卒饥，数挑战，遂夜奔条侯壁，惊东南。"可见，作为动词的去声"奔"最早是投奔特定的人或地点，具有很强的方向性，后接投奔的目标，"奔"本身既表方向又表移动义，是方向与移动的复合。但在语法化为介词的时候，"奔"只凸显了其方向义，而将移动义交由了句中的主要动词来承担，所以在普通话中要求句中动词限于"来、去、走、跑"等移动义动词。

与普通话相比较,"奔$_1$"在哈尔滨方言中又继续语法化,表现为其句中的主要动词已经不再限于"移动"类,还增加了"观察"类,搭配词语的语义类型在扩大。类型的泛化意味着"奔$_1$"又向完全意义上的"目标"义介词迈进了一步。当然,之所以只增加了"观察"类动词,也是由于"移动"义与"观察"义存在着隐喻关系。如果我们想象把目光放慢,那么"看、瞅、瞧"等动词都是指目光的移动,区别只是"一个身体在跑,一个目光在跑"罢了,相同的解释也可用于"奔$_2$"中搭配"观察"类动词用法的来源。

从跨方言的角度来看,由同一个介词来标示"来源""经由""目标"三种意义的情况并非个例,如长沙方言中的"走"(张小克,2002)、苏州话中的"勒"(刘丹青,2003)都同时表示这三种意义。前面我们曾经尝试论证了"经由"义是从"来源"义发展而来,这一观点也同样适合于本节中的"奔$_2$"和"奔$_3$",但"奔$_2$"和"奔$_1$"之间的关系还需要进一步研究。

三 "比"与"照"

"比"与"照"是哈尔滨方言中较常见的"差比"标记介词,由于它们意思上相近,分布在一定程度上呈互补规律,因此放在本节共同讨论。

(一)介词"比"在哈尔滨方言中的句法语义表现

介词"比"由表示比较的动词虚化而来,这已经是语法学界的共识,如黄晓惠(1992)、史佩信(1993)、李讷和石毓智(1998)、马贝加(2002)等。在现代汉语普通话中,"比"并没有虚化完全,依然有介词和动词两种词性。如:

(67)我肯定比你强。(介词)
(68)我可不和你比。(动词)

而在哈尔滨方言中,"比"又进一步彻底虚化为了一个介词,不再具有动词用法，语音上由不送气变为了送气，读［p^hi^{214}］，用于比较性状和程度。按照李小军（2014）的观点，语音弱化是语法化的一种普遍现象，分化与强化的情况很少。哈尔滨方言中由［pi^{214}］到［p^hi^{214}］的变化我们也可以看作是语音弱化的一种表现，虽然只是从不送气音变为了送气音，但音响强度和开口度都有所减弱，用法上也成了一个真正的介词。为了行文方便，我们把普通话中读不送气音，具有动、介两种词性的"比"记作"比$_1$"，把哈尔滨方言中读送气音，只具有介词词性的"比"记作"比$_2$"。哈尔滨方言中也有"比$_1$"，用法和普通话中的一样，但作"差比"标记时，"比$_2$"更常用，也更加口语化。

哈尔滨方言中，"比$_2$"虽然彻底虚化为了一个介词，但用法上与"比$_1$"的介词用法基本一致，主要是作为比较标记。

"比$_2$"可以用于不同事物的比较，"比$_2$"的前后可以是名词、动词、形容词及小句，如：

(69) 飞机比火车快。
(70) 开车比走路快。
(71) 高点儿比矮点儿好。
(72) 你当班长比我当班长好。

"比$_2$"还可以用于同一事物不同时期的比较，"比$_2$"后一般为表时间的词语。如：

(73) 你这身衣服可比昨天精神。
(74) 这孩子可比去年省事。

当句中的谓语是形容词时，形容词前后可以出现表示程度或数量的成分。如：

(75) 今年苗长得比去年更好。
(76) 他娶的媳妇比他小五六岁。

如果句子的谓语是动词,则一般只限于表示能力、愿望以及"有"和"没有"等。如:

(77) 他比我会种地。
(78) 姐姐比妹妹想出国。
(79) 在分钱这事上,他比我有意见。

"比$_2$"的前后项比较的结果即句子中的谓语成分一般都为积极或中性色彩的词,用消极色彩词的时候较少,如一般不说"他比他姐差远了",而只说"他姐比他好多了"或"他不如他姐"。

上面都是对"比$_2$"表比较情况所做的说明。在哈尔滨方言中,介词"比$_2$"还可以用来表达比喻义。如:

(80) 他烙的单饼比纸都薄。
(81) 他那脑袋比猴还精。

例(80)和例(81)中并不是就"单饼""脑袋"和"纸""猴子的脑袋"作客观的比较,而是在于比喻,以达到一种夸张的效果。

(二) 介词"照"在哈尔滨方言中的句法语义表现

"照"在哈尔滨方言中也有和普通话相同的用法,可以表示动作的方向,相当于"朝、向",如"爸爸照我脸上打了两巴掌",也可以引出动作行为所遵循的依据,相当于"按照、依照",如"你到时候就照稿念,千万别弄错了",还可以引出论说的主体,一般用"照+代词+说/看"形式来表示,如"照我看、照你说"。以上均为普通话中的用法,哈尔滨方言中也存在,没有差别。本节我们要讨论的,是"照"作为差比标记的用法,如:

(82) 他照你可差远了。
(83) 你别看这孩子最近长得挺快,还是照他哥矮。

在上面两个例句中,两个比较项分别是"他""这孩子"和"你"

"他哥",其中"他"和"这孩子"是比较前项,"你"和"他哥"是比较后项,前项是比较主体,后项是比较标准。"差"和"矮"是比较结果,"照"是比较标记。整个格式可以表示为"比较主体+比较标记+比较标准+比较结果+其他成分",用符号来表示即为"X+照+Y+Z+P"。

在具体的运用中,格式中的"X"和"Y"可以是不同的事物,如:

(84)虽然提速了,但火车还是照飞机慢多了。
(85)这件衣服照那件贵不少,我兜里没这么多钱。

也可以表同一事物不同时期的情况,比较标准一般为时间词语,如:

(86)你这身体照去年可差远了。
(87)营业额照昨天少了一半。

句中的谓语如果是动词,一般为"减少、降低"等表示"下降"类消极意义的动词,如:

(88)我家今年的收入照去年减少了一大截。

从上面的例子中我们可以看出,在"X+照+Y+Z+P"形式的比较句中,谓语后一般有表示数量或程度意义的成分 P,① 如例(84)—例(88)中的"多了""不少""远了""一半""一大截"等,而且比较结果 Z 一般为含消极意义的形容词或"降低"义动词,这点正好和"比$_2$"构成的差比句形成互补。

那么我们就可以为哈尔滨方言的差比句梳理出一个大致的系统,即如果比较结果表示积极意义,且不需要明示相差的程度时,用"X+比+Y+Z"形式,如"我比他高";如果比较结果表示积极意义,且需要明示相

---

① 如果"照"前面有"还是"等词来否定预设,P 也可以不出现,如:他还是照一般的孩子矮。但这需要具体的语境,并非"照"类差比句的无标记形式。

差的程度时，用"X+比+Y+Z+P"，如"我比他高两公分"；如果比较结果为消极意义，但不需要明示消极的程度时，用"不如"形式"X+不如+ Y"来表示，如"我不如他高"；如果这一消极结果的程度需要明示时，用"X+照+Y+Z+P"来表示，如"他照我矮两公分"。当然这一系统只是说明其大致的趋向，表明其倾向性的特征，在语言使用中并不绝对。

四 "□［tʃʰua²¹⁴］"

哈尔滨方言中有一个表示"利用（条件）、抓住（机会）"的介词"□［tʃʰua²¹⁴］"，其后接名词性结构、双音节形容词、动词性结构及小句做宾语。

（一）哈尔滨方言中"□［tʃʰua²¹⁴］"的句法语义表现

哈尔滨方言中，"□［tʃʰua²¹⁴］"后面直接加单个名词的情况不多，一般主要是表示时间、时机等意义的双音节名词，而且只能出现在动词前，不能出现在句首。如：

(89) 你奶挺想你的，你最近□［tʃʰua²¹⁴］空儿去看看她。
(90) 肥不够了，你□［tʃʰua²¹⁴］时间去买点化肥。
(91) 你□［tʃʰua²¹⁴］晴天找人把苞米先收回来。
(92) 我□［tʃʰua²¹⁴］机会和他妈说一下，看能不能成。

例 (89)、例 (90) 的宾语表示时间，例 (91)、例 (92) 的宾语表示时机、机会。从语义上来说，例 (89) 和例 (90) 中的"□［tʃʰua²¹⁴］"还体现着很强的动作性，相当于普通话中的"抽"，是"在连续的事情中抽空儿、抽时间去做某事"，之所以将其列入介词，是因为此时的"□［tʃʰua²¹⁴］"后无法加上动态助词"着、了、过"也无法进行重叠等形式变化。此时"□［tʃʰua²¹⁴］"后面的名词还可以更复杂，变成名词性结构，如"□［tʃʰua²¹⁴］这个空儿""□［tʃʰua²¹⁴］点时间"。例 (89)、(90) 中"□［tʃʰua²¹⁴］"的动作性强还因为其语义上隐含主动性，说话人可以主动选择决定时间，而例 (91)、例 (92) 中的"□［tʃʰua²¹⁴］"则是表达利用条件，主动选择的意味很弱，相当于

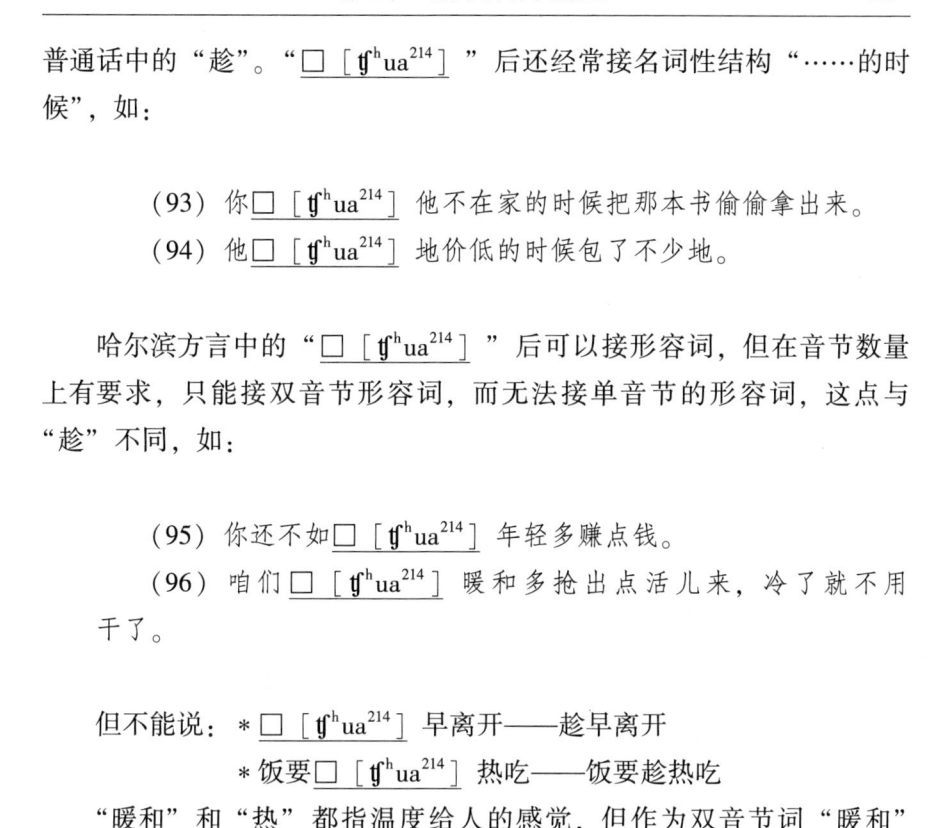

普通话中的"趁"。"□［tʃʰua²¹⁴］"后还经常接名词性结构"……的时候"，如：

（93）你□［tʃʰua²¹⁴］他不在家的时候把那本书偷偷拿出来。
（94）他□［tʃʰua²¹⁴］地价低的时候包了不少地。

哈尔滨方言中的"□［tʃʰua²¹⁴］"后可以接形容词，但在音节数量上有要求，只能接双音节形容词，而无法接单音节的形容词，这点与"趁"不同，如：

（95）你还不如□［tʃʰua²¹⁴］年轻多赚点钱。
（96）咱们□［tʃʰua²¹⁴］暖和多抢出点活儿来，冷了就不用干了。

但不能说：＊□［tʃʰua²¹⁴］早离开——趁早离开
＊饭要□［tʃʰua²¹⁴］热吃——饭要趁热吃

"暖和"和"热"都指温度给人的感觉，但作为双音节词"暖和"可以用在"□［tʃʰua²¹⁴］"后做宾语，"热"就不行。

"□［tʃʰua²¹⁴］"后还可以加上动词性结构，如：

（97）爹□［tʃʰua²¹⁴］有钱先给你置办点嫁妆。
（98）你□［tʃʰua²¹⁴］下雨把水田先插了。
（99）他□［tʃʰua²¹⁴］出差去了不少地方玩儿。

句中的动词性结构也表示一种机会，"□［tʃʰua²¹⁴］"是"抓住、利用"这一机会来完成某事，这种机会一般都是非持续性的，具有短时的特征，所以需要很好地抓住和利用。

"□［tʃʰua²¹⁴］"后最常见的还是以小句的形式做宾语，如：

（100）我□［tʃʰua²¹⁴］他不注意偷偷溜了出来。
（101）你得□［tʃʰua²¹⁴］他在家去找他。

（102）□［tʃʰua²¹⁴］天暖和领老人多出来走走。
（103）咱们□［tʃʰua²¹⁴］天黑悄悄开过去。

（二）介词"□［tʃʰua²¹⁴］"的来源试析

在汉语普通话中，并没有一个与"□［tʃʰua²¹⁴］"完全同音的词。从意义上来说，"□［tʃʰua²¹⁴］"似乎和"趁"的意义相似之处最多，但其"□［tʃʰua²¹⁴］空儿""□［tʃʰua²¹⁴］时间""□［tʃʰua²¹⁴］机会"的用法又比"趁"的动作性更强，前两种搭配更倾向于"抽空儿""抽时间"的意思，后一搭配相当于"寻找机会"，而在例（89）—（103）所有的例子中"□［tʃʰua²¹⁴］"都可以用"找到并抓住"进行统一解释，只是例（89）和例（90）是"找到并抓住合适的时间"，例（91）—例（99）是"找到并抓住合适的机会"，而且根据尹世超先生（2004）的调查，在北京话中，的确也存在一个与哈尔滨方言中的"□［tʃʰua²¹⁴］"同义音近的介词"抓"，如：(转引自尹世超 2004)

（104）抓空儿赶紧去擦（车）。（北京人，中央广播电台 2002 年 10 月 11 日《午间一小时》）

例（104）中的"抓空儿"和哈尔滨方言中的"□［tʃʰua²¹⁴］空儿"意义完全一致，只是语音上略有差异，发音方法从不送气变为了送气，所以我们认为"□［tʃʰua²¹⁴］"的来源第一种可能是"抓"虚化与音变的结果。

哈尔滨方言中介词"□［tʃʰua²¹⁴］"的来源第二种可能是源于满语。因为"□［tʃʰua²¹⁴］"这个读音虽然在普通话中没有对应的词，但在广大的东北地区，却存在于一种儿童的游戏中，这种游戏叫作"□［tʃʰua²¹⁴］嘎拉哈"。这是一种抛掷并抓取的游戏，"嘎拉哈"一词来源于满语"gachuha"，是动物的膝盖骨（以羊的膝盖骨为多），游戏的过程主要是抛掷口袋并利用口袋在空中的时间把"嘎拉哈"先放置成特定的角度然后全部抓起，最后抓住下落的口袋，如果"嘎拉哈"与口袋都没有落地，则可继续，否则为输。从这一过程中我们可以看出来，这里的"□［tʃʰua²¹⁴］"其实就是"抓"，作为东北特别是农村地区最普遍的游戏之一，它的名称应该和人名、地名相似，都保留着比较古的说法，既然"嘎拉哈"是来自满语，"□［ʨʰua²¹⁴］"也很可能来源于满语。并且满语中"利用（时间、机会等）"一词的发音为"tuwame"（安双城，2007：114），满语多音节词对应到汉语里后面的音节常常脱落，而且在满语口语中腭化是很常见的现象，因此"tuwame"很容易就变为了"［ʨʰua］"，前面我们已经说过，东北话中上声调较其他地区要普遍的多，按照这一推衍过程，介词"□［ʨʰua²¹⁴］"也有可能来源于满语。

不过在北方汉语的形成过程中，其与阿尔泰语系诸语言有过广泛且较长时间的接触，很多满语、蒙古语的词本来就借自于汉语，汉—阿尔泰语言之间相互影响，"□［ʨʰua²¹⁴］"可能就是这种影响的结果，要准确地说明它的来源，还需要更多、更有力的材料。

第二节　哈尔滨方言中的语气词和拟声词

一　哈尔滨方言中的语气词"咋的"

汉语是语气词系统非常发达的一种语言。从语气范畴的表现形式来看，印欧语系、闪-含语系的语言一般都是通过动词来表现并与时体手段一体，而汉语中则是通过独立的语气词承担且与时体无关。汉语方言中的语气词也非常发达。在哈尔滨方言中，除了现代汉语普通话中常用的"啊（包括其变体形式'呀、哇、哪'等）、啦、嘛、呢、吧、呗、嘿、喽、嘞、呦"等，还有的诸如"咋的""哈"等方言语气词，在这里做简要介绍。

"咋的"在哈尔滨方言中有疑问代词和语气词两种用法，其中做语气词时，"的"一般读为轻声［ti⁰］，可以表示"反问"与"确认"。

（一）"咋的"表示反问

"咋的"表示反问的用法一般只适用于是非问形式，具有弱化疑问和增强肯定语气的双重作用，如：

（1）听你这意思，你能来咋的？

(2) 还总往这儿打电话,他是不知道这儿正忙着咋的?
(3) 这里面的事儿你比我明白,我还敢撒谎咋的?

与以"吗"结尾的是非反问句相比,"咋的"使句子的疑问性明显降低而语气显著增强。例(1)中,如果改为"你能来吗?",说话人所表达的疑问程度还是很高的,心中还保有着对受话人能来的预期,只是更倾向于受话人不能来,反问语气并不强烈。但"你能来咋的"则基本不存在着对受话人肯定回答的预期,而且在语气上还增加了强调甚至具有"挑衅"的意味。例(2)和例(3)则是在问句形式中包含有"否定词"以及副词"还"这种倾向于"反问"语气的标志词,这种情况下即使句末用语气词"吗"或者是仅以零形式和声调来调节,都不影响对其反问语气的认定。句末用"咋的"只是强化了它的反问功能,表示说话人对所表达的事情非常肯定。

但需要注意的是,虽然"不是……吗?"格式也经常用于反问句,但句末的"吗"却无法改为语气词"咋的",无论"不是"后面跟的是谓词性结构还是体词性结构,如:

(4) 你不是已经知道了吗? —— *你不是已经知道了咋的?
(5) 你不是他亲哥哥吗? —— *你不是他亲哥哥咋的?

"难道"和"何必"都是经常出现在反问句中的副词,但在哈尔滨方言中,"难道"可以和"咋的"相搭配,构成反问句,"何必"则不行。如:

(6) 难道你还想让他知道咋的?
(7) *这事儿都过去这么多年了,你何必再提咋的?

(二)"咋的"表示确认

表"确认"的"咋的"主要用于答应句中,从本质上来说,这种应答句也是一种反问式,只是由于出现在特定的语境中,所以反问的应答就变成了强烈的确认,从语气上来说也是增强肯定。其表现形式主要有:

"可不咋的""可不是咋的""可不+重复前一话轮述语部分+咋的""可不+表态同意对方+咋的"等。如：

(8) A：他那人是不是挺隔路（个性强、特别）呀？
    B：可不咋的，我们都不愿意勒（搭理）他。
(9) A：这事他对我特别不满意吧？
    B：可不是咋的，最近没少听他说你坏话。
(10) A：那孩子现在得贼淘吧？
    B：可不贼淘咋的，一天都没有闲着的时候，到处惹祸。
(11) A：我早就说过他不定哪天就得蹲笆篱子（进监狱）。
    B：可不像你说的咋的，还没到二十呢，就被抓进去了。

上面各例中，"可不"与"咋的"共同承担了反问语气，在应答句中则表现为"强烈确认"的意义。

二 哈尔滨方言中的语气词"哈"

语气词"哈"广泛存在于北方官话中，彭永昭（1988）认为"哈"作为重庆方言中的一个语气词，"用在祈使句中表示嘱咐、请求、告诫；用在疑问句句尾表示疑问语气；用在是非问句中则表示商量的语气"。贺阳（1994）在北京话调查材料的基础上认为语气词"哈"是从 20 世纪 60 年代中期以后才在北京话中开始流行的，功能是表示语气意义或停顿。[①] 尹世超先生（1999）认为从地域分布来看，"哈""在北方方言区中多有使用，在东北官话中使用频率最高，用法也最多，读非轻声的'哈'尤为如此"。下面笔者就来介绍一下该词在哈尔滨方言中的用法及功能。

（一）语气词"哈"在哈尔滨方言中的用法

在哈尔滨方言中，"哈"作为语气词可读轻声也可读非轻声，读非轻声时前面可以有停顿，读轻声时前面不能停顿。

[①] 贺文中的表述为"姑且把'哈'看作语气词，可以认为是一个特殊的语气词"。之所以特殊，是因为它除了表示语气意义外还有停顿的功能。

1. 用于是非问句

"哈"用于是非问句的句末,是以商量的语气来增加提问的委婉程度、缓和语气。句子的疑问度很轻,基本属于无疑而问,提问的目的仅是取得对方的确认。如:

(12) 他今天不能来哈?
(13) 咱家的亲戚都已经到齐了,哈?

上面两例中,说话人对于"他今天不能来""亲戚都已经到齐"这两件事情是基本可以确定的,这里提出来的目的只是希望受话人能够对事实进行一下确认,所以疑问的程度很轻。此时的"哈"可以读轻声,如例(12),也可以读非轻声,读非轻声时"哈"前面可以有停顿,如例(13)。

确认的内容如果是前面说话人刚刚表达的主要信息,则具有了复核的功能。这种情况常常出现在调查询问类的谈话中,如:

调查人:你对他了解吗?
被调查人:我们认识好几年了,挺了解的。
调查人:挺了解的哈?那你说说他的工作能力吧。
被调查人:他的工作能力还是挺强的。每次单位有啥事,都是他帮着组织,大家也都挺满意的。
调查人:挺强的哈。

从复核的内容上看,一般是被调查人表达的最主要信息。上面的例子中,虽然被调查人后来又说了一些具体的情况,如"帮着组织""大家满意"等,但调查人复核的则是工作能力"挺强"。当然复核的目的有时并不是为了确认对方信息的真实性或者交流中是否出现了信息偏差,而仅是因为调查的内容需要记录,要利用复核来为自己争取时间,以便完成记录后再继续进行交流。

"哈"出现在是非问句句末,东北方言中有一种较为特殊的用法,即"哈"+称呼语。如:

(14) 这件事我们都商量好了，哈爸？
(15) 他平时也不咋请假，挺靠谱的，哈院长？
(16) 这孩子才好呢，平时不找灾、不惹祸，哈村长？

此时"哈"前面必有停顿，其后则无停顿，"哈"读非轻声。出现的语境一般为说话人向受话人说明情况，然后转而向第三人求证确认。因此，称呼语只能放在最后，以便确定求证的对象。如果称呼语出现在句首，则会引起受话对象的模糊。由于是为向受话人证实内容的真实性而向第三人求证，所以第三人是否"权威"就显得很重要，因此该用法的称呼语一般都是在身份或职务上地位较高的人，如家庭中的家长、单位的领导等。

2. 用于反问句

在哈尔滨方言中，"哈"可以用在反问句句末。虽然表面上用"哈"缓和了语气，但实质体现的是一种特殊的表达效果。如：

(17) 你觉得你这么干还有理了哈？
(18) 这话是你们该说的哈？

这种反问句一般都是在"责怨"受话方，是对受话方的言行提出不满，带有批驳的意味。本来"哈"是缓和说话的语气，加在反问句后应该会减轻"责怨"的力度，但由于反问句是无疑而问，因而加上"哈"以后给人一种"和对方商量一件明摆着的事情，这本身就是对说话人一种侮辱"的感觉，反而增加了"责怨"的力度。我们来对比：

(19) 你觉得你这么干还有理了呀？
(20) 这话是你们该说的吗？

和例（17）、例（18）对比，例（19）和例（20）单纯在斥责对方"你们这么干是错的""这话你们不应该说"，直截了当，而例（17）和例（18）则给人感觉"你不能这么干""你不该这样说"这个道理很浅显，我用"商量"的语气来和你说反而是在表达我极大的不满，力度要超过不用"哈"的情况。

3. 用于陈述句

"哈"在哈尔滨方言中可以用于陈述句的句末，此时的陈述句或是处于成段的表达之中，或是处于对话中前一话轮的末尾，是说话人在讲述一般的情形或提出自己的看法，通常作为后面具体事件的前提或者是背景，如：

(21) 我一般都是早到哈，所以那天就直接去食堂先吃点饭。在食堂正好碰上了张哥，我就打了碗面和他坐一起了。

(22) 我觉得哈，咱们应该支持他，他这么多年一个人也不容易。

(23) 医生：(拿着以往的病历) 看来你没少跑医院哈。
患者：可不是嘛，这几年就医院进的勤。

例 (21) 中"哈"字句出现在整个讲述的开头，是在说明一种一般的情形并将此作为后面叙述的背景，用"哈"的目的是求得受话方的"认同"。由于常态化发生的事件了解的人多、易核实，因此容易得到对方认可。如果将"哈"置于后面陈述句句尾，则不太合适，如"我一般都是早到，所以那天就直接去食堂先吃点饭。在食堂正好碰上了张哥哈，我就打了碗面和他坐一起了。"在食堂碰到某个人是带有偶然性的，想要用"哈"去向对方求得对偶发情况的认同并不容易，所以句子读起来也不合法。

例 (22) 中的"哈"本质上是一种句中的停顿，经常出现在"我看""我想""我觉得""我认为"等标示说话人主观性的话语标记之后，既是提示对方后面是"我"的想法，又是以"商量"的口气来寻求受话方对自己想法的认同。

例 (23) 中"哈"出现在对话中前一话轮的末尾，是医生根据患者拿来的病历对他之前的就诊情况进行的判断，末尾用"哈"来寻求对方的认同，增强互动性。患者去医院就医一般都会比较紧张，医生用这种方式也可以缓和患者的紧张心理，增加亲切感。

(二) 语气词"哈"在哈尔滨方言中的语用功能

从前面的分析我们可以看出，"哈"在哈尔滨方言中必须出现在一个连贯的语境之中,可以是在讲述一个事件也可以是对话双方在互动交流。"哈"不参与句子的命题意义,只是表达情态功能,"跟说话人对非命题部分的主观态度有关"(崔希亮,2003)。

上面的几种用法中,"哈"的情态意义可以大致分为两类,一类是"寻求回应",另一类是"寻求认同"。这两类的差别在于,寻求回应是希望对方能够回答自己所提出的问题,多见于"哈"用于是非问句。此时说话人已经提出了自己的观点和看法,并且他对自己说法的正确性是比较有信心的,加上"哈"只是害怕受话方对自己提出的问题置之不理,所以利用和缓的语气增加对方对自己说话内容回应的可能性,这种回应一般都会有实实在在的言语行为表现。而寻求认同则是希望受话方能够认同他表述的内容,以便他可以将讲述继续下去。这种认同可以是言语行为,如回应一个"是"或者"嗯",也可以是非言语行为的,如轻轻地点点头或者就是一直注视着说话人认真倾听、没有分神。

三 哈尔滨方言中拟声词表程度的用法

拟声词也叫象声词,主要是对各类事物声音的模拟。从句法位置来看,普通话中的拟声词可以充当定语、状语、谓语、补语等多种成分,如:

(24) 只听"轰"的一声巨响,整面墙倒了下来。(做定语)
(25) 我最近耳朵总是嗡嗡响,可能是上火了。(做状语)
(26) 祥子拿了支烟放在唇间吧唧着。(做谓语)
(27) 每次一逗孩子,孩子都笑得咯咯的。(做补语)

虽然在上面四个句子中拟声词出现的句法位置不同,但无一例外地都在描摹声音,有的在句子中直接出现了"声""响"这样标示声音的词,如例(24)和例(25);有的则通过拟声词来标示动作或情状,如例(26)和例(27),但这时拟声词一般也与句中其他成分的语义具有适配性,如"吧唧"在模拟"抽烟"的声音,与"唇间""烟"相配合马上就能让人联想到"抽、吸"的动作,"咯咯"是专门模拟笑声的,与句中主要动词直接相关，而且一般较大的笑声也可以达到"咯咯"的程度。

但拟声词在哈尔滨方言中还有两种较为特殊的用法。一种是拟声词所模拟的声音虽然能够与句中的主要动词相搭配，但从句中主谓语的搭配情况来看，根本达不到拟声词所表示的声音强度，如：

（28）小男孩只要一下地就呼呼跑。
（29）那一哭眼泪就哗哗流。
（30）今天早上手扎了个口，嗞嗞出血。

按照《现代汉语词典》的解释，"呼，拟声词，形容风声等：北风呼呼地吹"。例（28）中动作"跑"可以是有声音的，但必须要达到一定的速度，一般都是车快速行进甚至飞机起飞前滑行的过程中才会产生这种声音，"小男孩"跑肯定达不到"呼呼"的程度。例（29）和例（30）也是类似的情况，"哗哗""嗞嗞"虽然是形容液体流淌、液体喷出的声音，但"流眼泪""出血"也不会模拟出这种程度的声音。但"呼呼、哗哗、嗞嗞"毕竟与句中主要动词有关，只是在文章的表达上"此处有声胜无声"，所以我们可以把这种情况看作是一种修辞手段，属于"虚拟"的用法（张斌，2010：260）。

而拟声词在哈尔滨方言中还有一种更为特殊的用法，即语义上一般表示程度，通过模拟与句中主要动词没有联系的声音来实现其意义，如：

（31）这几天这股票呀呼呼涨。

例（31）中"股票"的涨落都是没有声音的，本来形容风声的"呼呼"同样与涨落是没有关系的，但在这里却形容股票涨得很快，是一种程度义的表达，属于拟声词的特殊用法。

类似的用例还有：

（32）这个商店的东西嗷嗷贵，你可别在这儿买。
（33）今天外面嗷嗷冷，你多穿点衣服再出去。
（34）这儿的西瓜嘎嘎甜，多买几个带回去吧。

（35）男孩子过了十五，你就看那个子噌噌长。
（36）他们去免税店咔咔买，就跟不花钱似的。

例（32）—例（34）中前一分句的谓语是形容词"贵、冷、甜"等，由于它们表示的是事物的性质状态，所以不涉及声音的问题。例（35）、例（36）中虽然谓语是动词"长、买"等，但也不会模拟出"噌噌、咔咔"这样的声音。那么为什么上面这些拟声词会充当状语，并且还体现出"高量"的程度义呢？我们先来看看这些词模拟了哪些声音，以及这些声音本身的特点，下面是这些拟声词在《现代汉语词典》中的解释：

嗷嗷：形容哀号或喊叫声：嗷嗷叫｜嗷嗷待哺。
噌：形容短促摩擦或快速行动的声音：猫噌的一声蹿上墙头。
嘎：形容短促而响亮的声音：汽车嘎的一声刹住了。
咔：形容器物清脆的撞击声：咔的一声关上了。

从这些词的解释中我们可以看出，虽然这些词形容的声音各异，但从它们形容的性状中都可以发现"量"的特征，如"哀号或喊叫"的声音一定较大，"短促摩擦或快速行动的声音"也具有快的特点，"短促而响亮的声音"中"响亮"是其突出的特征之一，比较特殊的是"咔"形容的"器物清脆的撞击声"，虽然这种"撞击声"可大可小，但一定是短促、短时的，而"咔咔"的重叠形式很容易给人"短时且数量多"的感觉，所以也具有了"量"的特征。这些拟声词与句中的谓语成分在语义上本来是不具有适配性的，但由于其自身有凸显"高量"特征的可能，再加上基于表达的需要而入句，就给后面的动词或形容词带来了"高量"的意义。

从声音与意义的对应关系来看，与其他词类不同，拟声词凸显的是"能指"，而语言的基本功能是以"能指"表达"所指"，所以一般拟声词的使用只是增加了句子的生动性和形象性。而哈尔滨方言中拟声词表程度的用法，是抑制了拟声词的"能指"，而通过转喻等方式又突出了拟声词的"所指"，当然这个"所指"不是直接体现的，因为拟声词的直接所指是那种声音,这里只是凸显了那种声音的某种特征或带给人的某种印象。但从广义上来说,我们也可以看作是它的"所指"。所以从某种意义上来说,哈尔滨方言中的这种用法打破了语言中"能指"和"所指"之间"约定俗成"的对应关系。

之所以哈尔滨方言中会出现这种用法,也是由于它具有独特的表达效果。拟声词是模拟声音的,声音往往会让人联想到完整的动作场面,所以拟声词带有一定的听觉形象,用拟声词来表达程度可以将这种听觉形象很好的运用于表达之中,恰如上面例(32)—例(36)中的句子那样,如果用其他词或表达法代替,确实难以达到现在的效果,所以哈尔滨方言中拟声词表程度的用法不仅使句子更加口语化,而且也具有更加生动和形象的特点。

第四章　哈尔滨方言中的特殊结构

第一节　哈尔滨方言中的"S+得+N+V+了"构式

一　"S+得+N+V+了"构式的特征

普通话中，"得［tei²¹³］"在作为助动词表示情理上、事实上或意志上需要时，有一种加数量词的用法，如：

(1) 这个工作得三个人。(《现代汉语八百词》)
(2) 买个新的，至少得五十块钱。(《现代汉语八百词》)

这是明确表示完成主语所需要的名词的"量"，"这个工作需要三个人""买个新的，至少需要五十块钱"。此时有的句子在数量词后面可以补出一个动词，如例(1)可以补出"这个工作得三个人干"，有的则不宜补出，如例(2)。

而在哈尔滨方言中，助动词"得"也有一种"量"范畴的表示法，即"S+得+N+V+了"，我们看下面的例子：

(3) 这些人得房子住了。
(4) 这么多猪得苞米喂了。
(5) 一大池子碗得人洗了。
(6) 他拿来的东西可得地方放了。

此时"得"后所接的皆为类名词,且不加数量短语修饰,表达的却是大量义,即"需要很多房子住""需要很多苞米喂""需要很多人洗""需要很大的地方放"。由于无法从该结构各具体成分中找到显性的"量"意义表达,即"不能从它的构成成分或其他先前已有的构式中得到完全预测"①,因此我们认为这是一个构式。在该构式中,主语和后面的动词一般构成"动受"关系,助动词"得"后的名词是实现这一"动受"关系的条件,且该条件发生了语义偏移,偏向了"大量"义,整个构式的意义为"主语需要很多/大 N 来完成/实现 V 这一动作"。

二 该构式意义的形成

解释该构式意义的形成,其实就是在寻找其中的名词发生语义偏移的原因。关于名词的语义偏移现象,前辈学者已经进行过大量的描写及解释,如邹韶华先生(1986、2001)、张家骅(2001)、李先银(2012)、温锁林(2014)等,但上述诸位先生的研究重点主要集中在抽象名词的语义偏移上,强调的是积极意义和消极意义方面的偏移,如"有风度"偏向积极意义,是"好的风度",而"有意见"则多偏向消极意义,是"不好的意见",研究中涉及"类属名词""大量"义和"少量"义方面的情况很少。那么为什么在我们上面提到的构式中,会出现类属名词偏向大量义的情况呢?

首先,我们观察到,该构式中的主语也即是它们要完成的"任务"都不是由简单名词来充当的,大多都会有表示"大量"义的定语来修饰,如"这些""这么多""一大池子",虽然"他拿来的东西"没有明确表示"大量",但后面加了"可"来增强对"他拿来的东西"处理的难度,如果"量"不大的话,也就不存在这种难度了。那么这些表"大量义"的主语在需要"客观条件"来完成或实现某一动作行为时,会使人自然而然联想到这些"客观条件"也必然是"大量"的,如果"少量"的条件即可解决或者对"量"的条件没有要求,那就没有必要着重提出主语"量"的问题了。

---

① 引自 Adele E. Goldberg、吴海波(2007:4)。

其次，我们来看句尾的"了"。在这一结构中，"了"是必现成分，如果没有"了"该结构不合法。关于句末"了"的意义争论由来已久，无论是"变化说""新情况说""完成说"似乎都不太适合对上面的结构进行解释。何文彬（2013）曾把"了$_2$"的主观性区分为时空轴、知识轴、意志轴、感觉轴、开放性，其中"感觉轴"主要解释了我们常见的"太……了""V/A极了"类结构中的"了"，这对我们很有启发。本节中所讨论的结构也同样是在表达言者的主观性，是言者在说明根据自己的感觉，结构中的"主语"需要怎样的N来完成/实现V这一动作。而这种表示主观感受的"了"往往有超出一般标准、偏向极端的意义，除了常与"太""极"这种本身表极端意义的词搭配外，我们还可以从下面的例子中看出这种倾向。

(7) 水热——水热了

例（7）中"水热"只是在客观表达水的温度，而加上句末"了"以后却可以表达两种意义：一种是变化，刚才水是凉的，现在变热了，"了"表变化；另一种是"水"的温度超过了说话人的预期，水弄得太热了，这种超过预期、走向极端的意义就是由"了"来传达的。

那么在表"大量"的主语和句末表"超出预期"的语气助词"了"的共同作用下，"得"所带的表类属的名词发生语义偏移就不难理解了。当然，我们还需要解释，之所以表类属的名词单独出现会偏向"多"义而非相反，按照沈家煊先生（1999：185）的观点，这源于通过心理学实验证明的一条"乐观假说"。沈先生在文中提到Boucher&Osgood（1969）曾利用心理学实验证明人总是倾向于生活中光明的、乐观的一面，而非黑暗的、悲观的一面，因此从认知心理学上来说，偏向正面的、积极的、大量的是人的一种常规心态，那么把这条规律用于单独使用的"类属名词"情况看，此时的名词偏向"大量"义应该是一种常规的、无标记的用法。

第二节 哈尔滨方言中的应答语"可不咋的"

在哈尔滨方言中，"可不咋的"形式可以表示两种意义，一种是作为句子的述语成分，表示"很/非常不好"，如：

（1）他儿子那人可不咋的了。
（2）那家饭店的菜可不咋的。

在上面两个例子中，"可不咋的"都是对句中主语的评价，"可"在这里是语气副词，① 表程度高义，相当于"非常、很"，句末可以用"了"也可以不用。"咋"表示"怎么"义，"咋的"相当于普通话中的"怎么样"，所以"不咋的"就是对人或事物的消极评价"不怎么样"，与表高量的"可"结合以后，即为"非常不怎么样"——"非常不好"。例（1）是评价某人的儿子，"这个人非常不好"。例（2）是评价那家饭店的菜，"那儿的菜非常不好"。"的"在这里读［ti^{41}］而且要重读。

"可不咋的"的另一种用法是作为应答句，出现在接续话轮的句首，"的"一般读为轻声［ti^0］，后面可以有后续句进一步解释或说明，也可以没有。如：

（3）A：他家那儿子也真够他们老两口儿呛呀。
　　　B：可不咋的，前一阵赌钱输了，回家又打爹骂妈的了。
（4）A：平时您也是一个人住呀？
　　　B：可不咋的，自己住方便，省着给孩子添麻烦，挺好。
（5）A：这还开车瞎绕呢，前面不就是哈一百了吗？
　　　B：可不咋的。

例（3）—例（5）中"可不咋的"独立使用，不做句子成分。例（3）和例（4）中其有后续句，进一步说明同意前面观点的理由。例（5）仅表达了对前面观点的认同，没有接后续的理由。

本节所讨论的即是第二种"可不咋的"类应答句，在哈尔滨方言中，"可不咋的"也可以说成"可不是咋的"，但以前者更为常用。

---

① 对此语法学界有争议，有学者认为这个"可"应为程度副词，但这一争议不影响本文的结论。

一 应答句"可不咋的"的结构分析

吕叔湘先生（1980）将"可不是吗、可不是、可不"都归为习用语，表示同意对方的话。归为习用语就避免了在共时层面对其内部结构再进行分析，可见"可不"已经在历时发展过程中出现了语义虚化及词汇化的情况。张先亮（2011）简单论述了"可不是"的词汇化过程，其实"可不"连用的情况出现的非常早，在先秦时期，"可不"就已出现在反问句中，如：

(6) 反此道也，民必因此厚也以复之，可不慎乎？（《郭店楚简》·成之闻之）

(7) 其母为夫人，其子为君，可不谓苑乎？其母既死，其子又有谤，可不谓枯乎？（《国语》卷第八）

(8) 夫得生于敌，与敌得生于我，岂可不察哉？（《吕氏春秋》·爱士）

(9) 岂可不谓善谋哉？（《战国策》卷二十八）

上面各例"可不"均出现在反问句中，有的前面还加上了"岂"标示其反问句的性质，加强语气。我们知道，反问句的特点是"反诘句里没有否定词，这句话的用意就在否定；反诘句里有否定词，这句话的用意就在肯定"（吕叔湘，1942/2014：290）。并且"反问句字面意义的特点是语气非常肯定"（张斌，2010：512）。可见，此时"可不"就已经承担了表达肯定意见的语法意义。

但据我们考察，"可不"真正以应答语的身份出现，却并不是单独以"可不"的形式，而是以"可不是"的形式，"可不是"应该是由"可不"的形式演化而来，最早出现于唐代：

(10) 法可不是西国弟一祖达磨祖师宗旨？（《六祖坛经》）

(11) 知章览《蜀道难》一篇，扬眉谓之曰："公非人世之人，可不是太白星精耶！"（《唐摭言》卷七）

此时由于"是"作为句中的主要动词，后接名词性成分，这里"可不是"已经有了词汇化的倾向，且独立性更强。或许正是基于其较强的独立性，"可不是"作为应答语最早出现在了元代的文献中：

(12)【隔尾】咱这屯营扎寨宁心等，瞑目攒眉侧耳听。恰待高叫声随何你那一步八个谎的可也唤不应，咱则道是有人来觑咱动静。做看科云可不是，唱咱则道是有人来供咱使令。(《全元杂剧·尚仲贤·汉高皇濯足气英布》)

明代文献中也较少，仅找到一例：

(13)[旦]你老人家也有点冷根么，[老]可不是么，喝的饭汤多了，就挤点子……(《明清民歌时调集·白雪遗音》卷二)

清代用例渐多，形式也更加丰富：

(14)那炎道人便说："可不是，当初人人都是这样猜度，疑心皇帝忒喜多事。"(《八仙得道》第43回)
(15)通慧点头道："可不是么？但据师尊和师兄们说来，此中莫非真有天数么？……"(《八仙得道》第47回)
(16)王夫人道："可不是呢，兰哥儿这么样，外头谁还不知道，还愁没好女孩儿么？"(《补红楼梦》第九回)

并且在清代的文献中，也出现了"可不"作为应答语的情况。

(17)贾明说道："可不吗，胜三大伯，你老人家看着哟，反正待一会儿少一会儿啦。"(《三侠剑》第一回)

我们在前面第三章第二节中已经说过，"咋的"作为语气助词在哈尔滨方言中也可以表示反问，出现在句尾，如"你还不想去咋的？"，所以哈尔滨方言中的"可不咋的"即为"可不+咋的"，都是用于反问句，都是表示强烈的肯定，作为应答语加合以后的意义自然表示"强烈同意、积极确认对方的意见"。

二 "可不咋的"在哈尔滨方言中的篇章功能

前面我们说过，"可不是咋的"表达的意义是"同意、肯定对方的意见"，所以其核心功能就应该是赞成和确认，下面我们来考察一下其出现的语篇环境，并说明与其功能之间的关系。

1. 赞成功能

"可不咋的"表示说话人强烈赞同前一话轮说话人提出的想法和理由。根据语言的逻辑关系，"赞成"的前提是要有明确的信息，这一信息一般是说话人主观的想法或意见，赞成是根据这个明确的信息而给出自己的看法，"同意"还是"不同意"，选择性的意见一般不适用于赞成功能。那么"强烈"这种意义又如何体现呢？我们发现"可不咋的"不是简单的赞成对方想法，而是必须配有恰当的理由，这也是与表简单赞成的"是、行"等的区别所在。如：

（18）A：我觉得还是别去他家了，他妈看见咱们在一起又该不高兴了。

B：可不咋的，上次去他妈不就鼻子不是鼻子、脸不是脸地说了咱们半天嘛。

（19）A：我不想去了，现在打车贼费劲，外面还挺冷，再把我冻着。

B：可不咋的，这要是一时半会打不着车，还不得冻坏喽。

例（18）和例（19）中A不仅提出了自己的意见"我觉得还是别去他家了""我不想去了"，而且在A的意见后都跟着充足的理由，"他妈看见咱们在一起又该不高兴了""现在打车费劲，外面冷，很容易把我冻着。"所以B的赞成是针对整个"意见+理由"的赞成，觉得A说得太对了，并且后面一般还会附和着自己的意见作为对A的支持。如果A仅是单一的提出意见，不出现理由，则不能用"可不咋的"。如：

(20) A：今天不下地了，在家待一天。
　　 B：行，这雨天也干不了啥，还容易浇出病来。
　　 B′：可不咋的，这雨天也干不了啥，还容易浇出病来。

例（20）中B的回答在语感上要比B′好很多，B′里的"可不是咋的"颇有"英雄无用武之地"的感觉，上一话轮中没有理由让说话人去作出"你说的太对了"这样强烈的肯定。

2. 确认功能

"可不咋的"可以表示确认，当说话人对某一想法带有疑问、不能确定时，就可以提出带有倾向性的问句，受话人用"可不咋的"接续，确认对方说法正确。这里倾向性的程度非常关键，程度越高也就代表着越便于确认，如果没有倾向性就会"无的放矢"。

邵敬敏（1996：73）、张先亮（2011）都采用了五级的标准来标示疑惑程度，疑惑程度越高，倾向性就越弱，疑惑程度越低，倾向性越强。但在具体举例说明时，二者都说得不够详细。郭锐（2000）虽然对"吗"的确信度做了较为全面的说明，但没有涉及其他类型的疑问句。

一般来说，选择问、特指问、正反问以及中性的"吗"问句或是对询问的对象一无所知，或是对答案持中立的观点，疑问程度都比较高，倾向性很低。所以一般不用"可不咋的"来进行确认。如：

(21) 你为什么去学校？/你去学校还是去商店？/你去不去学校？/你去学校吗？

例（21）中的四个句子都没有明显的倾向性，所以也就不能用"可不咋的"来对这个倾向性进行确认。

但"吗"问句比较特殊，其可以通过带焦点标记、特定的语调和重音、提供适当的语境等方式增加其倾向性，此时就可以用"可不咋的"来进行确认了。如：

(22) A：你是春节还要去北京出差吗？
　　 B：可不咋的，老板交代了，不去也不行呀。

例（22）如果只是"你要去北京出差吗？"倾向性就很弱，不能用"可不咋的"来确认。但由于加上了焦点标记"是"和副词"还"，其倾向性得到了大大提升，所以 B 的回答中就可以用"可不咋的"来接续了。

同样体现较强倾向性，"可不咋的"还可以用于确认"吧"问句。如：

（23）A：他这是撵我走呢吧？
　　　B：可不咋的，要不他能这么说话吗？
（24）A：他是去年才从韩国来的吧？
　　　B：可不咋的，你看，就一年，现在汉语说得多好。

使用"吧"字疑问句，发问人心理都存在一种明显的推测、揣度的意味，期望得到肯定回答，而且对这一期望也比较有信心，所以是"信大于疑"。"吧"字句一般有两个基本的作用，一种是像例（23）和例（24）一样，表示发问人对某行为事件有所估计，但不能完全确定，所以用"吧"字句来寻求确认，因此可以用"可不咋的"接续。另一种是说话人提出某种建议，征求对方的意见。如：

（25）咱们还是进去吧，外面太冷了。

这时说话人是在用"吧"字句来希望能够得到对方积极的回应，是一种商量的语气，此时一般不用"可不咋的"进行接续确认。

除了"吧"问句以外，语调形成的是非问句也可以用"可不咋的"来接续，表示确认功能。如：

（26）A：他说你俩已经好上了。
　　　B：他是说我和小李在搞对象？
　　　A：可不咋的，那说得有鼻子有眼的，可多人都信了。
（27）A：这钱藏在家里都不安全。
　　　B：藏在家里都不安全？
　　　A：可不咋的，前院老张家年前门不就让人整开了嘛，丢了好几千块钱。

例（26）和例（27）都属于重复性问句，提问人由于对对方提供的信息感到震惊、不敢相信，所以再次重复希望得到确认。因为提问的信息是在前面已经出现过的，所以疑问性已经非常低了，倾向性明显，可以用"可不咋的"接续。

表示"确认"功能比较特殊的情况是接续"反问句"，前面我们已经说过，反问句是"无疑而问"，答案并不是发问人所关注的，但也可以用"可不咋的"来接续，如：

（28）A：别看了，这么贵的东西，咱们买得起吗？
　　　B：可不咋的，这我得不吃不喝攒多长时间呀。
（29）A：他家不就有几个臭钱嘛，有什么了不起？
　　　B：可不咋的，那几个拆迁款能吃一辈子呀。

例（28）和例（29）分别是是非形式和特指形式的反问句，其实提问时答案已经是显而易见的了，并不需要过多确认，所以我们认为这里的"可不咋的"是介于"赞成"和"确认"之间的意义，从形式上是确认前面的提问，从内容上则是赞成前面提出的观点和看法。

我们在第三章第二节中说过，"可不咋的"是由"可不+咋的"组合而成，这种组合并不紧密，体现在表示确认功能的"可不咋的"还可以在中间出现其他成分，这是表赞成功能所不具备的特点。具体的形式为"可不+前面确认的信息+咋的"，如：

（30）A：你看，前面是你家孩子吧？
　　　B：可不我们家孩子咋的，这小崽子今天这是又逃学了。
（31）A：人家都对你这态度了，你还能去吗？
　　　B：可不不能去咋的，这要去了得让人家捏咕（欺负）成啥样呀。

例（30）和例（31）都是"可不咋的"表确认的用法，但没有采用其习语的形式，而是将前面疑问部分在结构中重新复述了一遍。例（30）的复述只是基于说话人身份的改变，将第二人称改为了第一人称，属于原文复述。例（31）中则是基于反问句的特点，将反问句要表达的意思复述了一遍，"还能去吗"表达的是"不能去"的意义，所以使用"可不+前面确认的信息+咋的"结构接续，就变成了"可不+否定性确认信息+咋的"形式了。

3. 提醒功能

当前一话轮的说话人在告知受话人某一等待的情况终于出现时，受话人在后一话轮也可以用"可不咋的"接续，此时"可不咋的"的功能是提醒，这个"提醒"是对说话双方的，既是提醒告知人"我知道了"，更有恍然大悟的意味，在提醒自己"该注意到的没注意到，等待的情况已经发生了"。如：

(32) A：都醒醒吧，车已经进哈尔滨了。
　　　B：可不咋的，这车还挺快呢，得收拾收拾东西了。
(33) A：快跟上去，他的车启动了。
　　　B：可不咋的，放心吧，我开了这么多年车，他甩不掉咱们。

上面两个例子都以"可不咋的"接续，属于其提醒功能。例（32）中的A是长途车的乘务员，她在告知大家车已经进入哈尔滨，让睡觉的旅客都醒一醒。B旅客由于刚才在休息，显然没有意识到车子进入市区这一情况，所以用"可不咋的"接续既是在提醒乘务员"我知道了"，更是在提醒自己"该准备准备下车了，不能再睡了"。例（33）所示的情况和例（32）基本相同，不再赘述。与表"赞成"功能的"可不咋的"一样，表"提醒"功能的"可不咋的"内部一般也不加入其他成分，原因还需要进一步研究。

三 "可不咋的"类应答句的家族成员

哈尔滨方言中，与"可不咋的"形式相仿，有若干类似的应答句成员,如"可不是咋的""那不咋的""那不是咋的""那可不咋的""那可不是咋的",它们之间的区别主要集中在结构中是否有"是""可"以及句首是否有"那"三点上。

1. 有"是"与无"是"

"可不咋的""那不咋的""那可不咋的"属于无"是"的成员,"可不是咋的""那不是咋的""那可不是咋的"属于有"是"的成员。我们前面说过,"可不"的用法由来已久,在先秦时期就已经用于表示"反诘"语气,在哈尔滨方言中以"咋的"收尾更增强了其赞成、确认的语用效果。"可不是"是后起的形式,但从文献来看,却率先具备了应答语的功能,这很可能是由于汉语是一种动词型的语言,① 无论是感叹欢呼句、诅咒辱骂句还是请愿号召的标语口号等都必须出现动词成分,这与印欧语系名词型语言差异明显,因此在最初成为应答句时,形式上表现出的是有动词的完整形式。但毕竟"可不"形式历史更久、更简洁,因此后来出现了两种形式并存的情况。哈尔滨方言中的"咋的"也就两种形式的后面都可以使用,形成了两类不同的应答形式。但这也只是形式上的差异,在意义上有"是"与无"是"基本没有什么差别。

2. 有"那"与无"那"

"那不咋的""那不是咋的""那可不咋的""那可不是咋的"属于有"那"类,"可不咋的""可不是咋的"属于无"那"类。有"那"与无"那"类在用法上有所不同。上一小节中所说的提醒功能只能由无"那"类的"可不咋的"或"可不是咋的"来承担,不能由有"那"类承担。这里我们就需要讨论一下"那"在这里所起的作用。

学界对位于句首的"那"有两种看法,一种认为它是代词,但有一定的连接作用,代表性著作为《现代汉语八百词》。该书中列举了代词"那"位于句首的两种用法,分别为"复指前文、起连接作用、引进表后果的小句"和"相当于'那么'"。第二种看法认为"那"既是代词又是连词,代表性著作为《现代汉语词典》。在《现代汉语词典》(第6版)中作者直接将"那"的代词与连词分别出条,说连词"那""表示顺着上文的语义,申说应有的结果或作出判断(上文可以是对方的话,

---

① 关于"汉语是一种动词型语言"的说明请详见刘丹青(2010)。

也可以是自己提出的问题或假设）"。直接针对应答句中"那"的功能进行分析与阐述的是尹世超先生的《"那"字应答句》一文，该文将应答句中"那"认定为连词，并将其功能阐述为"起搭接作用，其语法功能是在应答句句首连接引发句和应答句，承接引发句，引出应答句，或者对引发句作出评价、判断，表明态度、意见；或者接着引发句的语意引出结果、推论或作出反应；或者引出问话，转换话题等等"，虽然文章将"那"的功能概括得很全面，但未免有些宽泛，总结起来主要还是增强连贯性，标示后句对前句的承接与依存的关系。

按照功能语法的观点，一个语言结构在入句之前可以有一个核心功能，而入句后会根据上下文语境得到它在这种语境中的话语功能，如果我们将"表示后句对前句的承接与依存关系"看作是"那"的核心功能的话，那么入句后"它"为什么不能在篇章中承担"提醒"这一话语功能呢？这主要是由于"提醒"功能更多的是在"提醒自己"，我们再来看例（32）和例（33）：

（32）A：都醒醒吧，车已经进哈尔滨了。
　　　B：可不咋的，这车还挺快呢，得收拾收拾东西了。
（33）A：快跟上去，他的车启动了。
　　　B：可不咋的，放心吧，我开了这么多年车，他甩不掉咱们。

在这两个例子中，B说的"可不咋的"主要的目的都是在提醒自己"该注意到的没有注意"，例（33）更是有一种犯了过失的感觉，提醒对方只是在提醒自己时顺带实现的功能。而"那"的核心功能是注重其后的应答句与前面引发句之间的承接关系，与"提醒自己"这一话语功能相悖，一个注重句间、一个注重句外，所以"那"类不能用于"提醒"功能的句子。"赞成"与"确认"功能都是关注句间联系的，因此可以用"那"类进行应答。

3. 有"可"与无"可"

"可不咋的""可不是咋的""那可不咋的""那可不是咋的"属于有"可"类，"那不咋的""那不是咋的"属于无"可"类。从用法上比较，有"可"与无"可"并不像有无"那"一样会影响该应答形式的使用。因为从历时层面上看,"可"很早就表示反诘语气,相当于"岂、难道"之义,在这一结构中"可"主要承担的也是一种强调的语气,所以从语用效果来说,有"可"与无"可"相比强调的意味要更浓一些。

第三节 哈尔滨方言中"(能)V(C)了"式能性结构

在北方方言中,"VC了[liau²¹³]"式能性结构分布十分广泛,学术界也进行了较为充分的研究,如侯精一(1981)、柯理思(1995)、黄伯荣(1996)、乔全生(2000)、谷向伟(2006)、辛永芬(2006)、孙利萍(2008)、迟永长(2010)、王衍军(2011)等,这些研究或是侧重共时层面的描写,或是追寻历时层面的演变,或是从跨方言的角度进行细致的对比,但都没有对"VC了"所表示能性结构的意义类型进行分析,同时也极少关注到"VC了"与"能"搭配使用的情况。而据我们考察,在哈尔滨方言中,"能"与"V(C)了"经常搭配使用,有些情况下更是句子成立的必备条件,本节我们就从共时层面对这些问题进行一下探讨。

一 "能性"范畴的内部类别

汉语中的"能性"范畴是一个很宽泛的概念,从跨语言的角度来看至少包括"可能式"和"能力式"两个方面(刘丹青,2008:490、497),而表"可能"和表"能力"又是一对互相作用的概念,主观上的能力强大了(阻力变小)、客观上成功的可能性自然就大一些,这里我们引用吴福祥(2002)的观点,认为汉语中"能性"结构包含下述五个语义次类:

A. 表示具备实现某种动作/结果的主观能力,如:他能说汉语。| 好马一天能跑几百里。

B. 表示具备实现某种动作/结果的客观条件,如:这铺炕能住十口人。| 给一个月的时间,我肯定能写完。

C. 表示对某一命题或然性的肯定，如：今天能下雨吗？能下雨。｜你放心吧，你结婚这么大的事，他能来。

D. 表示情理上许可，如：在古代表妹是能嫁给表哥的。｜老师能体罚学生吗？

E. 表示允许、准许，如：我能进来吗？｜我能给他送点吃的吗？

现代汉语中"能性"范畴的表达方式主要有助动词和"V得/不C"两种，其中助动词里属于这一范畴的词有"可以""会""可能""能"等，但这其中只有"能"涵盖了上述全部五种情况，其他的只能表达其中的一两种意义；"V得/不C"结构则大体只能表示A、B两种意义，C、D、E都不行，下面我们就借此框架来分析一下哈尔滨方言中"（能）V（C）了"式"能性结构"所能承担的意义类别。

二 哈尔滨方言中"（能）V（C）了"类"能性"结构及其意义类别

1. "能+V+了+（宾语）"

前人的研究成果极少提到"VC了"能性结构不带补语的情况，似乎这个补语是构成该结构的必备条件，而在哈尔滨方言中，"了"除了像其他北方方言一样可以表示结果的可能之外，还可以表示动作的可能，只是此时前面必须有助动词"能"，如果动词有宾语，"了"则位于动词之后、宾语之前，构成"能+V+了+（宾语）"形式，该形式所包含的语义类别如下：

A. 表示具备实现某种动作/结果的主观能力，如：

（1）放心吧，我自己能走了。
（2）这看着也就五十来斤，我自己就能拿了。

B. 表示具备实现某种动作/结果的客观条件，如：

(3) 这电梯能装了十个人,咱们这几个肯定不超重。
(4) 这大门并排能进了三辆车,真够气派的。

C. 表示情理上许可,如:

(5) 那时候穷人家的孩子也能进了学堂念书。
(6) 古代表哥能娶了表妹,现在法律上都不让了。

上面的例子都是"能+动词+了"的形式表"能性"意义。在哈尔滨方言中,有时"能"与"了"之间还可以是形容词,表示对未来性状变化所作的估计或询问,如:

(7) 认识这么两天就结婚了,这能长了吗?
(8) 放心吧,搁炉子上烘一宿,明天肯定能干了。

"能+形容词+了"还可以表示对事物已然性状程度做出的估计,一般只用在问句中,如:

(9) 就冲着车轱辘都压瘪了,那车上的东西能轻了?
(10) 今年一年都没正经下过雨,那河沟子里的水能深了?

不仅单音节的动词和形容词可以进入该格式,口语中常用的双音节动词和形容词也可以进入该形式,如:

(11) 这么多人一起来,你们这儿能安排了吗?
(12) 他和他媳妇长得都太一般了,那女儿能漂亮了?

但无论中间加入动词还是形容词,否定式都是"A 不了"形式,即走不了、拿不了、长不了、漂亮不了、干不了、轻不了、深不了、安排不了。

2. "（能）+ V + 结果补语 + 了"

在哈尔滨方言中，"V+结果补语+了"形式前可以加"能"也可不加，独立成句时以加"能"为多，不加的情况一般出现在连续的小句中，整个结构是在强调结果补语实现的可能性，如：

A. 表示具备实现某种动作/结果的主观能力，如：

（13）这事你说他能办成了吗？
（14）这一仗咱们肯定能打赢了。

B. 表示具备实现某种动作/结果的客观条件，如：

（15）A：这纸这么小，能盖住了吗？
　　　B：盖住了，你就放心吧。
（16）这水不太热，奶粉能冲开了吗？

C. 表示对某一命题或然性的肯定，如：

（17）咱们拿这个袋子去，能装满了吗？
（18）放心吧，这次咱们肯定能抓住了。

从上面的例子可以看出，带上结果补语后，"能性"概念就不再关注句中动词的动作本身，而是询问这个动作所涉及的结果能不能实现。

3. "（能）+ V + 结果补语+宾语+了"

哈尔滨方言中，当"（能）+ V+ 结果补语 +了"结构需要有宾语时，宾语可以有两个位置，其中之一是构成"（能）+ V +结果补语+宾语+了"形式，此时的"能"可以省略，所包含的语义类型有：

A. 表示具备实现某种动作/结果的主观能力，如

（19）我后天指定（肯定）能凑够钱了，这东西你就别卖别人啦。
（20）别装啦，买这么多书，你看懂书了吗？

B. 表示具备实现某种动作/结果的客观条件，如：

（21）哈尔滨的冬天贼冷，啥水都冻成冰了。
（22）就这么几分钟时间，还能开成会了？

需要注意的是，该结构对结果补语的音节有一定的要求，一般需要是单音节动词或形容词，双音节词语不能作为结果补语进入该格式，如"*（能）问清楚地址了""*（能）看明白书了"等。

4. "能＋V＋结果补语＋了＋宾语"

"能＋V＋结果补语＋了"结构如果需要带宾语，宾语的另一个可能位置就是直接加在该结构的后面，构成"能＋V＋结果补语＋了＋宾语"的形式，但此时的"能"一般不省略，所包含的语义类别如下：

A. 表示具备实现某种动作/结果的主观能力，如：

（23）放心吧，我能抱动了他。
（24）你能借着了车吗？我想开车出趟门。

B. 表示具备实现某种动作/结果的客观条件，如：

（25）不用太大的地方，只要能伸开了腿就行。
（26）这水都臭了，还能钓着了鱼吗？

由于"了"在位置上插入了结构内部，所以对于一些凝结度比较高、有了一定比喻意义的"V＋结果补语＋宾语"形式不适用于该结构，如"沉住气""站住脚"。但该结构中的结果补语可以是双音节，如"你能问明白了地址吗？"，这点与"（能）＋V＋结果补语＋宾语＋了"形式区别明显。

5. "（能）＋V＋趋向补语＋了"

在哈尔滨方言中，"V＋趋向补语＋了"形式前可以加"能"也可不加，但以加"能"更为常见，具体情况与上面"（能）＋V＋结果补语＋了"形式"能"的隐现规律类似。"了"所表达的"能性"意义指向句中的趋向补语，而不是强调动词本身，所包含的具体意义类型如下：

A. 表示具备实现某种动作/结果的主观能力，如：

（27）今天下午之前你能算出来了吗？
（28）这江面可挺宽，你能游过去了吗？

B. 表示具备实现某种动作/结果的客观条件，如：

（29）这坑这么大，这点土能填上了吗？
（30）水枪的眼没堵，水肯定呲出来了。

C. 表示对某一命题或然性的肯定，如：

（31）你说今天捞上来了吗？
（32）我觉得今天他们一定能救出来了。

6．"能+V+趋向补语+了+宾语"
"能+V+趋向补语+了"形式后面可以直接加宾语，构成"能+V+趋向补语+了+宾语"的形式，但此时的"能"一般不省略，所包含的语义类型有：
A. 表示具备实现某种动作/结果的主观能力，如：

（33）我们见过那么多次，我一定能认出了他。
（34）她年纪是太大了，不过还行，自己还能穿上了衣服。

B. 表示具备实现某种动作/结果的客观条件，如：

（35）这套房子应该能住下了十个人。
（36）幸亏晚点了，咱们才能赶上了这趟车。

如果该格式中的"动词+趋向补语+宾语"有凝结紧密的比喻义，如"闭上眼（你结了婚，我就是死也能闭上眼了）""张开嘴（我一定会让他张开嘴的）"等，就不宜用"能+V+趋向补语+了+宾语"形式，"了"

的嵌入会破坏整体性。

7."（能）+V+趋向补语+宾语+了"

"（能）+V+趋向补语+了"结构带宾语时，宾语也可以出现在趋向补语之后、"了"之前，构成"（能）+V+趋向补语+宾语+了"形式，"能"可以省略，但以出现为多，所包含的语义类型有：

A. 表示具备实现某种动作/结果的主观能力，如：

（37）你能干过他了吗？（你能打过他吗？）
（38）不管干啥你首先得能收回本钱了。

B. 表示具备实现某种动作/结果的客观条件，如：

（39）就这地能长出苗了吗？
（40）每次踢完球，他那衣服都能拧出水了。

该格式中的趋向补语一般为简单趋向补语，如"过、上、下、出、回、进"等，双音节的复合趋向补语很难进入该格式。

三 从所包含语义类型看"（能）V（C）了"格式的性质

为了讨论方便，我们首先把前面分列的各形式归纳在一张表中，看看所呈现出的特点：

表 4.1　　　　哈尔滨方言中"能性"结构语义特征表

	表具备主观能力	表具备客观条件	表对或然性的肯定	表示情理上许可	表示允许、准许
能+V+了+（宾语）	+	+	−	+	−
（能）+V+结果补语+了	+	+	+	−	−
（能）+V+结果补语+宾语+了	+	+	−	−	−
能+V+结果补语+了+宾语	+	+	−	−	−
（能）+V+趋向补语+了	+	+	+	−	−
能+V+趋向补语+了+宾语	+	+	−	−	−
（能）+V+趋向补语+宾语+了	+	+	−	−	−
能+V	+	+	+	+	+

续表

	表具备主观能力	表具备客观条件	表对或然性的肯定	表示情理上许可	表示允许、准许
V+得+C	+	+	+	−	−

上表中我们除了列出"(能)V(C)了"及相关格式所包含的语义特征之外，还列出了汉语中常用的两种表示"能性"范畴的方式"能+V"和可能补语"V得C"所包含的语义特征。从表中的情况我们可以看出，虽然在"(能)V(C)了"格式中既可以出现"能"也可以出现表"能性"的"了"，但从分布上来说，格式的语法功能更趋近于可能补语，是一种后置性的能性范畴表达法，这也是为什么"能"在有些情况下可以省略的原因。

彭利贞（2007：160）将汉语的情态语义系统分为"动力情态""认识情态"和"道义情态"三部分，"能性"范畴情况复杂，内部的语义类别同时分属这三个不同部分。其中"表具备实现某种动作/结果的主观能力"和"表具备实现某种动作/结果的客观条件"属于动力情态；"表对某一命题或然性的肯定"属于认识情态；"表示情理上许可"和"表示允许、准许"属于道义情态。而从"(能)V(C)了"及相关格式本身所包含的语义特征来看，其主要表达"动力情态"和"认识情态"，其中"动力情态"又是其最核心的表达范畴，当"(能)V(C)了"结构越变得复杂，它就越趋向只能表达"动力情态"。

第四节　哈尔滨方言中的动词重叠形式

动词重叠一直是汉语语法研究中的一个热点问题，成果颇丰。动词重叠可分为基本格式与派生格式，其中VV式（含双音节动词）是基本格式，"V一V""V了V""V了一V"等属于派生格式。鉴于笔者能力及篇幅所限，本节只讨论动词重叠的基本格式在哈尔滨方言中的情况。

一　VV式表时量短或动量少

哈尔滨方言中表时量短或动量少的动词重叠式与普通话完全一致，也是语法学界迄今研究最充分的动词重叠形式，故此处不再赘述，只简举几例：

(1) 你敲敲门再进去。
(2) 你们先回去吧，让我再想想。
(3) 那你再考虑考虑，先别着急答复我。

一般来说，双音节动词的重叠形式应该是 ABAB 式，如例（3），但也有些特殊的例子，如：

(4) 他说完，摇摇晃晃地走了出去。

这里的"摇摇晃晃"采用的是 AABB 的形式，与形容词常见的重叠形式一致，这是由于"摇摇晃晃"在语义上已偏重描写情状而非表短时、动量少。

二 VV 式表反复问的用法

哈尔滨方言中存在两种反复问句，一种是与普通话相同的"V-NEG-V"形式，另一种单从形式上看是 VV 式，如：

(5) 你去去？（你去不去）
(6) 你想想去？（你想不想去）
(7) 你现在想反悔了，是是？（是不是）
(8) 我们现在要去他家串门，你来来？（你来不来）

上面四例都是 V 为单音节动词的情况，此时的 V 可以是普通动词，如例（5），也可以是能愿动词，如例（6），还可以是判断动词或趋向动词，如例（7）和例（8）。

如果 V 是双音节的动词（AB），则需要用 A-A-B 的形式，如：

(9) 你考考虑让他出国？（你考不考虑让他出国？）
(10) 他认认识你？（他认不认识你？）

例（9）和例（10）都是 A-A-B 的双音节重叠，而且动词后还都有宾语成分，形成了 A-A-B-O 的形式，只是例（9）中的宾语是动词性结构，例（10）的宾语是单个代词。

从所表达的意义上来看，这种 VV 式应该是由于语流的原因而省略了中间的"不"造成的。旁证还有在哈尔滨方言中，可以用于反复问句的"形容词+不+形容词"及"介词+不+介词+宾语+动词"形式也可以出现类似的省略，如：

(11) 你俩现在好好？（你俩现在好不好）
(12) 他女朋友长得漂漂亮？（他女朋友长得漂不漂亮）
(13) 你今天晚上在在家吃饭？（你今天晚上在不在家吃饭）
(14) 咱们从从家去？（咱们从不从家去）

由"没"构成的反复问句一般不能出现这种动词的重叠形式，但也有例外，即"有没有"经常省略为"有有"，因为东北方言中罕见"有没有"的形式。不仅在反复问句中可以看到"有有"这种重叠形式，在"有"的比较句中，也有同样的情况，如：

(15) 你有有你哥高？（你有没有你哥高）
(16) 哈尔滨有有长春暖和？（哈尔滨有没有长春暖和）

刘丹青（2008）概括出了由于反复问句中否定词脱落而形成的谓词重叠的两条共性原则：

共性一：因双音节谓词 AB 的正反疑问句脱落否定词而造成的重叠问句，只能重叠前字 A 构成 AAB 式，不能重叠整个双音词 AB 构成 ABAB 式。

共性二：在使用重叠问句的方言中，如果有 AB 两次都完整出现的 AB-NEG-AB 式正反问，则肯定有其中一个 AB 脱落一个音节的 A-NEG-

AB 式正反问。

从上面分析中可以看出,哈尔滨方言符合这两条共性原则。AB 式双音节动词的反复问句三种形式均存在,即"AB-NEG-AB"式、"A-NEG-AB"式以及 AAB 式。

除符合共性原则外,哈尔滨方言中的反复问句也有其特殊性。邵敬敏、周娟(2007)曾从类型学角度对汉语方言中的正反问句进行了比较,从其对 38 个方言点的统计结果来看,北方方言主要使用的是后省式"VO-NEG-V"如"吃饭不吃",中部及南方方言则主要使用的是前省式"V-NEG-VO"如"吃不吃饭",哈尔滨方言作为典型的北方方言,使用的却是前省式。邵文中认为整个东北地区(限老派)使用的正反问都是 VP-NEG 形式,这与我们的调查结果有出入,至少在哈尔滨地区无论是老派还是新派,表正反问的 VP-NEG 形式都极少出现。从我们调查的结果来看,这种用法似乎在东北方言的辽沈片与锦兴片中使用的多一些,这也从侧面反映了东北方言内部在语法方面也存在着差异。

使用前省式还是后省式直接关联能否用动词重叠形式来表达正反问形式的问题。我们前面说过,哈尔滨方言中的动词重叠表正反问是由于省略了中间的否定词"不",① 这一说法的前提就是哈尔滨方言中使用的是前省式,只有 V-NEG-VO 的形式省略否定词后才会得到 VVO 的形式,其他使用后省式"VO-NEG-V"的地区即使出现了否定词省略的情况,也不会得到动词重叠形式。

三 VV 式表持续的用法

在哈尔滨方言中,动词重叠 VV 式还可以表示"持续"义,我们来看下面的例子:

(17) 孩子看看电视睡着了,结果电视打一宿。
(18) 昨天晚上做做饭还没酱油了。

---

① 有些地区如山东的招远、长岛等地用动词重叠来表反复问似乎不能用省略否定词来解释,因为在这些地区根本不存在省略之前的 V-NEG-VO 形式,没有原型也就谈不到省略了。

(19) 我听外面敲敲没动静了，这才敢下地去瞅瞅。
(20) 斧子剁剁把儿折了。

上面四个例子中，动词重叠式都表示"持续"义。但表示的方式有所不同，当动词具有［+持续］的语义特征时，动词重叠表示动作一直在进行，如例（17）、例（18），当动词不具有这一语义特征，即表述为［-持续］时，VV式指不断地重复某个行为，同样可以达到持续的效果，如例（19）和例（20）。这是我们以是否拥有"持续"这一语义特征进行的分类。如果我们同时引入"状态特征"，那么VV式重叠表持续还可能存在歧义，如：

(21) 我贴贴对联儿凳子倒了，把我摔够呛。
(22) 那种对联儿贴贴就掉色，还是别图便宜了。

例（21）和例（22）中重叠的动词相同，都是"贴贴"，但意义上有差别。例（21）中说的是"我"正在进行"贴"这个动作，但不强调贴完以后的状态，因此语义上可以表述为［+持续］［-状态］，而例（22）中贴对联的动作显然已经完成，这里强调的是贴完后对联在门上的状态，因此具有［+持续］［+状态］的语义特征。

（一）表持续 VV 式的形式特征

从语音形式上看，VV式表持续时两个音节均重读，强度上几乎等值，不存在孰轻孰重的问题，这一点与动词重叠表短时义的语音形式不同。两音节之间界限明显，不存在连读变调，如前后两个音节均为上声，也均读本调，前一音节不变为阳平。

从结构形式上看，重叠的两个动词之间结构紧密，不能插入其他成分，如常见的"一、了"等。动词一般为单音节，如上面例（17）—例（22）中的动词，但也有少数动宾式离合词和类动宾式离合词采用VVN的形式表示持续意义，如：

(23) 我吃吃饭后背就开始疼了。
(24) 我游游泳眼睛还睁不开了。

例（23）中我们可以把"吃饭"看做是动宾式离合词，所以它可以用 VVN 格式来表示持续意义，而例（24）中的"游泳"虽然不是动宾式类型，但由于它与动宾式离合词有很多用法相同，如可以在中间加上数量词"游一次泳""游一个小时泳"等，属于类动宾式的用法，王海峰（2002）曾指出，像"睡觉"的"觉"、"洗澡"的"澡"、"游泳"的"泳"等从来源上说并不是名词。但在实际交际中，受动宾离析现象的类化作用而获得了名词的性质。因此它们也可以参照一般的动宾式离合词来使用。所以在哈尔滨方言中这一类离合词也可用 VVN 形式来表达持续的意义。VVN 式中的 N 一般为类属名词，如"看看书就睡着了""吃吃饭干起来了"，名词前如果加上修饰性成分，句子就有可能不合法，如"＊看看我的书就睡着了""＊吃吃那顿饭干起来了"。这种限制是符合语言学中"无界"与"无界"相匹配的规律的。

根据沈家煊先生（1995）的观点，"有界"和"无界"的概念是在一定的认知域内进行的。对于动词而言，"'有界'与'无界'的典型反映就是动词有'持续性动词'和'非持续动词'之分"，也就是说持续性动词相对于非持续性动词是"无界"的，那么本书中表持续的动词重叠 VV 当然可以认为是典型的"无界"性结构，它需要"无界"的宾语与之匹配。

而对于名词而言，无论是前面加上数量结构还是加上修饰性成分，都会使名词更加形象、更加具体，和光杆名词相比，它都是"有界"的。因此从上述介绍我们可以得到下面的结论：

VV 式重叠（无界）~　光杆动词（有界）

光杆名词（无界）~　前加修饰成分的名词（有界）

一般来说，"无界"动词性成分与"无界"名词性成分的组合是常见的、无标记的组配，而"有界"动词性成分则与"有界"名词性成分是无标记的组配。这也就解释了为什么表持续的 VV 式动词重叠这个"无界"的成分一般不与前面有修饰成分的名词相搭配，因为名词加上修饰语后是"有界"的。

哈尔滨方言中 VV 式表持续的用法不能单独做句子的谓语，其后一定有后续成分，否则句子不成立。从语义上来看，这个后续成分一般都是突然发生的动作或情况，并且这一突然发生的动作或情况阻止了前面 VV 式动作的持续，句子所表达的重点并不在 VV 所表的持续义，而是后面事件的突发性和意外性。整个句子是在告诉受话人"一个常规性动作行为在持续过程中突然出现了意想不到的情况"。突然发生的后续事件既可能是取代前面持续的动作并作为后续唯一的行为继续存在，如例（17）和例（19），"睡着了""没动静了"彻底取代了"看"和"敲"的动作，成为了后段时间唯一的状态，也可以出现后与前面的动作并行，并不完全取代，如例（18）和例（20），酱油虽然没了，但饭还是要继续做，斧子把儿折了也还可能利用剩余部分勉强使用。

对于必须有后续成分相配合的限制，我们可以从前景（foreground）和后景（background）的角度加以解释。表持续的 VV 式所在的包孕句中，VV 式及其可能出现的宾语是背景部分，而后面出现的新情况则是前景部分。屈承熹先生（2006：168）中曾论述了前景信息和后景信息的特点，"在叙述体中，前景结构是表示时间或故事进程的，因此常按时间顺序排列、使用非状态动词（即行动动词）和完成体；而后景结构常表示枝节内容，因而无须按照时间顺序、通常使用状态动词和未完成体"。根据华玉明、马庆株（2007）的分析，重音性的动词重叠则会使"动作性减弱，动作的状态性增强，从而获得描写动作状态的意义"，这也体现在汉语普通话中的一些单音节动词上，如滚（单音节动作动词）→滚滚（状态形容词，形容不停滚动的样子）、飘（单音节动作动词）→飘飘（状态形容词，形容不停飘动的样子）。因此哈尔滨方言中表持续义的 VV 式包孕句前景和后景区分就较为明显了。VV 式本身是重音性动词重叠，重状态性、是进行体，而包孕句后半部分表示新出现的情况，通常使用行动动词、是完成体，哈尔滨方言中的这一句式是典型的前后景信息配合使用。我们再来看例（17）：

  孩子看看电视睡着了，结果电视打一宿。

虽然"看"是动作动词，但重音式的 VV 重叠并不强调看这个动作本身，而是强调处于"看"的状态之中，并且表示"看"这个动作正在进行，为后面出现的动作提供了一种时间上的参照。"睡着了"中的"睡"则是强调动作性和完成性，说明"睡着"这个结果已经发生。因此我们可以认定"看看电视"是该句的背景,"睡着了"是该句的前景。

Hooper 和 Thompson（1980）认为小句的及物性是与前、后景身份有关系的,"小句的及物性（transitivity）越强,充当前景的可能越大"。因此背景中动词的及物性会受到其句法地位的影响,在及物性较弱的情况下,VV 式无法承担过大的信息量,所以也就不能接带有修饰语的动词性宾语了。

（二）表持续 VV 式的类型学意义

从语言类型学的角度看,重音式的动词重叠表示持续的意义也普遍存在于汉语的其他方言之中。如：

江苏苏州：看看书困着哉!
湖北武汉：走路扭扭神。
安徽霍邱：吃吃,没菜了。
江西清溪：讲儿讲儿就笑起来。
福建泉州：水漏漏落来。

石毓智（2007）曾经把第二个叠字重读作为南方方言动词重叠系统的语音特征,而该系统的语义特征是表示动作的重复和继续,同时他也认为这是由于南方方言系统动补结构不发达造成的。但这显然并不符合哈尔滨方言的特点,因为哈尔滨方言的动补结构系统符合北方方言整体的基本特征,所以我们认为可以从另一个更为广阔的视角来看待这一问题。

从认知语言学的角度来说,"语言表达形式的重叠（重复）对应于概念领域的重叠（重复）"（戴浩一,1992；转引自张敏 1998：178）,张敏（1998：178）也说"形式上的重叠与意义上的动作延续及反复紧密相关",并且张文还借用 Langacker（1987）的观点,将延续的动作和反复的动作在认知结构上进行了统一的解释。这些都说明,无论是延续性动词重叠,还是非延续性动词重叠表反复,反映的都应该是人们概念中延续的范畴,动词重叠表延续才应该是最符合人脑重叠相似机制的一种组配,而表示短时、轻微、少量等则另需从其他的角度进行个性化的特殊解释。

第五节 哈尔滨方言中"这/那不是 NP 嘛"结构反问句

在以往的反问句研究中，学者们一般都将重音位于 NP 的"不是 NP 吗（么/嘛）"结构作为其典型的句式来分析。如殷树林（2006：42）就指出，"'不是……吗（么/嘛）'一般构成反问句"，其所表意义则如吕叔湘先生（1980：290）所说"反诘实在是一种否定的方式：反诘句里没有否定词，这句话的用意就在否定；反诘句里有否定词，这句话的用意就在肯定"。吕先生的话准确地说明了反问句的表义方式，即形式上是肯定的，意思就是否定的；而形式上是否定的，意思则为肯定的。由此推之，我们可以得到下面的意义转换关系：

    这不是我哥嘛　→　这是我哥
    那不是他家嘛　→　那是他家

但笔者在对日常言语交际的观察中发现哈尔滨方言中重音位于 NP 的"这/那不是 NP 嘛"结构还存在着下面的用法：

（1）A：唉，小李，你怎么在这呢？
   B：这不是我岳母嘛，昨天晚上突然心脏不舒服，我就赶紧给她送医院来了，在这儿待了一宿。
（2）A：你说她当时长得也挺漂亮呀，咋找了那么个人呢？
   B：那不是她妈嘛！非说那个男的人品好，老实本分，本分啥呀！

在上面两例中，"这/那不是 NP 嘛"的"不是"为轻读、"我岳母""她妈"即 NP 名词性结构为重读。按照以往的研究成果，其均应被看作是反问句，所表达的意义也应该是"这是我岳母""那是她妈"。但这与句子实际所表达的意义不相符。本节要讨论的就是该结构在哈尔滨方言中的这种用法。

一 该用法的语义与浮现机制

（一）该用法所表达的意义

功能语法学者认为语法形式联系一定的语境来表达交际意义，语义跟人类的文化生活与社会生活紧密相关，任何一句话都是在交际中实现它的意义的。从我们所搜集到的例句来看，本节所讨论的"这/那不是NP嘛"结构所构成的分句一般位于应答语的开头，前一话轮通常是由"怎么、咋、为什么"等特指疑问词构成的询问原因的句子。联系前面的语境，该结构所表达的意义不是详细、准确地回答前一话轮的问题，而只是表达一种"相关性"，说明NP与你所询问的原因之间有密切的关系。如：

（3）A：你怎么还没走呢？

B：这不是那本账嘛，我当时就说不能那么算，我们主任非不听，害得我还得在这儿重弄一遍。

在例（3）的对话中，A询问B还没有走的原因。B并没有直接告诉A自己没走是因为账目的计算方式错误，导致他不得不重算一遍，而只是引出了与其不能走的原因直接相关的"账目"这一话题作为回答。这个回答当然不能令A满意，因为"账目"也有多种可能出现的问题，如丢失、损毁、计算错误等，所以B在其后紧接着交代了具体的原因，是由于"主任"不听劝告、计算错误，才导致了他不能离开。

（二）该语义的浮现机制

那么"表达一种相关性，说明NP与你所询问的原因之间有密切关系"这一意义是如何得到的呢？这就要联系其出现的具体语境来看了。我们平时使用表示反问意义的"这/那不是NP嘛"，"这、那"通常都是确指某一具体的人或事物，如"这不是他家嘛""这"指代的就应该是一所具体的房子，句子是确认强调"这就是他家"。但在本节所讨论的这种用法中，由于其都出现在回答原因的应答句中，"这"指代的对象也不再是一个具体的事物，而是前面所询问的原因，按照 Grice（1975）所提出的"合作原则"中的"关联准则"：交际双方的谈话应该要切题，不谈与话题无关的话。因此当 A 询问原因，B 回答的 NP 却是具体的人或物品时，前后话轮在"关联"中浮现出的就是一种相关性，即要回答的原因应该与这个具体的人或物品密切相关。

（三）关于相关性的确认

"相关性"是一个比较模糊的概念，只要有联系都可以认为是"相关"。而本节提出的"相关性"一定是直接相关，该 NP 就是后面原因的主要承担者。我们来看下面的例子：

（4）A：你买床干什么呀？

　　B1：这不是我哥嘛，来信说他最近要回来了，我妈非让我先买张床留着。

　　B2：这不是我妈嘛，非说我哥最近就回来了，让我先买张床留着。

从例（4）来看，B 买床涉及两个相关的人。一个是他哥哥，是将来这个床的直接使用者；另一个是他妈妈，是向他发出买床命令的人。在他的回答中我们可以看出，他并没有真正觉得哥哥马上要回来需要一张床，而只是在执行妈妈的命令而已。所以相对比较，"我妈"与"买床"的原因更加直接相关，语感上 B2 的回答也更自然、得体。

（四）"这不是 NP 嘛"与"那不是 NP 嘛"的语义差别

作为该结构入句后的主语，"这、那"所指代的内容也有所区别。"这不是 NP 嘛"一般是回答上一话轮中针对此时、此地情况所提出的问题，如例（1）、例（3）中 A 提出的"小李，这个时候你为什么在这儿？""这个时候你为什么还没有离开这儿？""这个时候""这儿"都表明其所针对的是此时、此地情况。而作为远指代词"那"，一般指代的都是很久以前发生的情况。如例（2），A 问题中所针对的时间是"当时"，结合语境来看就应该是"她"年轻的时候，那离说话时已经有一段时间了，所以用"那不是 NP 嘛"。

二 该结构的篇章功能及对 NP 的选择

（一）该结构的篇章功能

"话题"是篇章语法研究的重要内容，方梅（2005）认为"话题"就是"被谈论的对象"，而"评述"是"针对话题所谈论的内容"。"话题"是一个跨越不同层面的概念。可以仅仅针对单个语句，也可以覆盖一段语篇。从我们所讨论的哈尔滨方言中的这种"这/那不是 NP 嘛"用法来看，NP 作为表示与前一话轮所问原因相关的人或物品，在下文中均是被谈论的对象，NP 后主要也是针对这一话题所进行的讨论。所以笔者认为，该结构的篇章功能主要为"引入话题"，并且该话题与其后面的述题处于不同的分句之中。方文是从语义关系上下的定义，而徐烈炯、刘丹青（2007）对于"话题"的认定标准则更具可操作性。徐文认为，作为话题优先型语言的典型代表，汉语的话题可以出现在主语位置上，与后面的述题构成施受关系；也可以只与后面的表述内容保持一种"相关性"，并不构成句法上的关系。定义话题的主要标志是有提顿词和语音停顿。在本节讨论的这种用法中，NP 与后面表述内容的关系就比较灵活：例（1）、例（2）中，NP 与后面的表述存在句法上的关系，例（3）中的 NP 则仅表达一种"相关"，不存在句法上整合成一个分句的可能。后面的"嘛"则可以看作是提顿词在语音上也有明显的停顿，充分体现了徐文中所述的特点。我们再来举两个例子：

（5）A：你今年过年怎么没回老家呀？

B：这不是我媳妇嘛，除夕晚上值夜班，我也不能把她一个人扔这儿呀！

（6）A：他家原来不是挺有钱的嘛，现在怎么这样了？

B：那不是那场火嘛，当时他邻居家先着了，消防车来得晚，把他家也给燎着了，烧得啥也不剩呀！

例（5）中，B 没回老家过年的原因是他妻子除夕晚上值夜班，在这里"我媳妇"和"值夜班"构成了广义的施受关系，如果去掉"这不是……嘛"格式，那么"我媳妇"既可以是该句的话题，也可以是该句的主语，视其后有无语音停顿而定。而例（6）中，虽然他家变得贫穷的原因是与当年那场火有关，但作为 NP 的"那场火"却不能与后面的成分构成句法关系，而只是作为一个话题出现的，NP 后在语音上也要求有停顿。

（二）NP 的构成及与该用法篇章功能的关系

该用法中 NP 的构成与其篇章功能密切相关。从语言共性的角度来看，话题都倾向于有定成分，对无定成分具有排斥性。这里的"有定"是听说双方都能确定的对象，即说话人不但自己知道，而且他认为或可以设想听话人也知道并且可以确定。从笔者搜集到的用例来看，本节讨论的 NP 具有明显的"有定"倾向，其自身性质符合话题特征。能够充当 NP 的结构主要有以下几种：

指人名词：张三、李四、王老七等；
代词+亲属称谓：我妈、他二姐、你岳母、我娘家哥等；
指示词+量词+一般名词：那本书、这个电脑、那张桌子等。

上述形式充当 NP 结构，说话双方都能够较容易地确定其所指对象，这些对象或者具有"唯一性"，如：我妈、你岳母，或者在交际双方心目中较容易辨识，如：张三，双方共同认识的"张三"应该只有一个，再或者是交际双方在言谈交往中刚刚涉及的，如：那本书，"书"的相关信息尚留存在双方的认知框架内，所以很容易将其引入到当前的谈话内容中。在实际的言语交际中，还可能使用其他形式，但这些形式通常要依靠一些辅助性手段来实现，否则就可能造成指代不明，如代词。当我们在使用"这/那不是他嘛"来强调谈话双方以外的第三人时，"他"一般是需要在现场的，这样可以通过辅助动作的指示来确定代词的所指对象。

三 该结构的语用价值与形成动因

（一）该结构的语用价值

作为一种间接的言语行为，反问句式与直陈式相比，显然增加了信息推导所付出的努力，因此反问句必然具有比直陈式更强的语用效果。对于反问句式的语用功能，前辈先贤们提出过多种观点，有提醒说、强调说、反驳说、催促说、申辩说、困惑说等，但这些观点往往是针对整个反问句系统而言的，未必对每种具体的句式都适合。于天昱（2007：76）曾将各类有标记的反问句式进行了定量考察，并在此基础上总结出了各类句式的主要和次要语用功能。在于文中，"这/那不是……吗"作为"不"类反问句三种具体形式之一，表达的主功能被归纳为"埋怨、责怪、困惑"，表达的次功能则是"辩解、确认、劝慰"。但据笔者考察，这并不适用于本书所讨论哈尔滨方言中的这种用法。表"相关性"的"这/那不是……嘛"的语用价值仍然是表"提醒关注"。

"提醒关注"的语用价值是与该结构的表述意图密切相关的。根据屈承熹先生（2006：149）的观点，汉语中已知信息的表达与定指词语的使用具有很高的一致性，而从前面的分析中我们可以知道，本节所讨论的 NP 都是由定指词语构成的，因此这些 NP 均为已知信息。从信息论的角度看，已知信息显然不如新信息容易引起人的关注，它们一般是作为非信息焦点出现于谓语动词前。本节所讨论句式的特殊性在于这里的 NP 是值得关注的，是前一话轮所询问内容的应答核心，因此在语用上该 NP 值得我们采用某种方式来提高其关注度，用"这/那不是……嘛"提出旧信息就是在提醒发问方：虽然 NP 是旧信息，但它在"我"的回答中具有特殊的地位，下面的新消息是围绕它来展开的。① 为了将上面的表述解释得更清楚，我们来比较一下例（7）和例（8）：

(7)（两位多年没见面的老同事偶然遇见）
A：老王，你怎么在这儿呢？
B：这不是我那个老房子嘛，原来说不划到拆迁范围里去，谁承想那一片都划进去了，所以我们就先到这儿来租房子住了！

(8)（两位多年没见面的老同事偶然遇见）
A：老王，听说最近老城区改造，你那个老房子怎么样了？
B：我那个老房子呀，原来说不划到拆迁范围里去，谁承想那一片都划进去了，这不明年就能住进新楼了。

---

① 通常如果不用该句式，也可以用焦点重音来提高已知信息 NP 的关注度。但本书讨论的用法，既将 NP 作为重音又将其位置放于句尾，这将更加有助于提高其关注度。

显然 A、B 对 B 的那座老房子都有所了解，双方能够确认指称的对象。例（7）中，"老房子"是 B 出现在这儿的直接原因，后面只是将原因解释得更加详细罢了，为了防止 A 对旧信息不给予足够的重视，B 用"这/那不是……嘛"句式提醒 A 关注 NP，因为"我来这儿"的原因是围绕这个"老房子"展开的。而例（8）中 A 提问的不是原因，是询问"那个老房子"的现状，所以在 B 的回答中，"我的那个老房子"只是作为一般性话题，并不在话语交际中提供新信息，在篇章中只起到衔接和连贯的作用，所以不值得 B 提醒 A 作过多关注。

与单纯在回答中用提顿词提出的话题相比，用"这/那不是……嘛"提出的话题还具有使两话轮联系得更加紧密的功能。我们来对比一下同样是回答例（7）A 的问题，例（7）B 和 B′区别：

A：老王，你怎么在这儿呢？

B：这不是我那个老房子嘛，原来说不划到拆迁范围里去，谁承想那一片都划进去了，所以我们就先到这儿来租房子住了！

B′：我那个老房子嘛，原来说不划到拆迁范围里去，谁承想那一片都划进去了，所以我们就先到这儿来租房子住了！

同样是回答前句询问的原因，例（7）B′只用提顿词"嘛"标示出了话题，虽然从语法的角度来说也是合法的句子，但与例（7）B 相比，话题"我那个老房子"的提出显得有些突兀，不如 B 的回答自然、紧凑。

（二）该结构的形成动因

要讨论"这/那不是 NP 嘛"结构的形成动因，我们先来看"这、那"指代原因的"这/那不是+小句+嘛"类反问句。在这类反问句里，"这、那"是指示代词，指代前一话轮所询问的原因，而实际要表达的意义，是由位于中间的小句来承担的。[①] 如：

[①] 这种情况要与"这、那"为傀儡主语的"这/那不是+小句+吗（嘛）"相区别。如"我跟你说咱先看着，这不是咱们村要打井了吗？咱们看他把这活包给谁。"这里"这"是傀儡主语，并不指代前面的任何成分。根据笔者考察，NP 一般不能代替"小句"出现在"这、那"为傀儡主语的反问句中，所以该类句型也不在本书讨论范围之内。

(9) A：你今天怎么没去上学呢？
　　B：这不是我妈不让我念了嘛！

例(9)中A问B没有上学的原因，B用了一个反问句式来回答他。在B的回答中，"这"代表上面询问的原因，而对这个原因的具体解释则是中间的"我妈不让我念了"。该句式与本节讨论的句式非常相像，不同之处只是我们讨论的格式中间是NP，无法独立回答前一话轮所提出的问题。

根据常宝儒（1989）对我国心理学研究者关于短时记忆组块的介绍，低频单音词的记忆广度为3.15个组块，中频词为5.68个组块，高频词为8.30个组块，可见人的短时记忆量很有限。所以应用到框架式的结构中就不能是过长的成分，否则框架无法在人们的认知结构中形成一个整体，不能表达其应有的语法意义。回到我们的问题，当"这/那不是+小句+嘛"要回答的原因很复杂时，结构内的"小句"就有可能过长，那么如果想保留反问句式来达到语用效果，便宜的解决方案就是提取小句中的NP部分作为话题，完成提醒关注的语用价值后再继续详细地解释。我们将例(1)—例(7)中"这/那不是NP嘛"后的具体解释放入NP后，都有过长无法达到交际效果之感。当提取小句的NP部分作为话题形成本节所讨论的结构后，从形式上来说就与"这不是我哥嘛——这是我哥"类的反问句相同了。如果用一个简单的小句就可以解释清楚的原因，篇章上则还是倾向于用"这/那不是+小句+嘛"结构。如：

(10) A：他怎么还没走呢？
　　 B：那不是他妈不让走嘛！
　　 B'：那不是他妈嘛，不让走！

由于"他妈不让走"这个原因比较简单，用一个简单的小句就可以表达清楚，所以例(10)的回答更倾向于使用B而不是B'。

除了作为表达过长的便宜处理方式之外，"这/那不是NP嘛"还有自己表达效果上的优势，这也可以看作是它使用的动因之一。我们来看下面的例子：

(11)（两个人在医院相遇）

　　A：你怎么在这呀？

　　B：这不是我妈嘛！

　　A：老太太怎么了？

　　B：昨天遛弯儿的时候摔了一跤，把脚脖子给扭了。

　　这里当 B 提醒 A 关注这个话题"我妈"时，A 没有等 B 将整个原因解释完，就直接插话来询问老人的情况，这在心理上体现了 A 对老人的关心，在语用上增强了交际的效果。顺利的话语交际，要求交际双方都能够对所讨论的话题投入应有的关注，对对方谈话所涉及的问题积极回应。这里的"这/那不是 NP 嘛"就可以看作是一个吸引对方关注、保证谈话顺利进行的"标记"，所以这也应该是该结构能够存在的一个动因。

结　　语

一　本书的创新及意义

（一）本书的创新之处

本书是我们迄今能够查阅到的第一篇专就东北方言的语法现象进行比较全面研究的论文。我们在第一章中已经强调过，由于研究能力所限，我们不能对相关语法现象在东北全境乃至更大的范围内进行考察，但至少这些语法现象在哈尔滨人的日常言谈中是确实存在的，所以我们将本书的名字定为"哈尔滨方言语法研究"，我们也相信其中有很多可以扩展到整个东北地区。所以本书可以作为研究东北方言语法的基础性文献。

书中有一些内容是前人曾经研究过的，如"AB～（的）"类的状态形容词、介词"搁"的基本用法等，但本书或是对其分类进行了补充，或是对前人的观点进行了修正，都是对这些问题研究的深化和扩展。而本书更多的是讨论了一些从未有人谈及过的本地方言中的语法现象，如代词"人家"在哈尔滨方言中逐渐产生了"话语标记"的用法；"带"除了"携带"义的动词用法外，还有情态动词的用法，并且该种用法表示的意义还很丰富；本书中涉及的副词如"一整""盯着""拿着""指定"，特殊结构"可不咋的""（能）V（C）了"等都是第一次有文章对其进行考察与说明，其中的创新之处是不言而喻的。

本书中，我们除了对一些方言词进行了共时的描写外，还对其历时发展进行了比较细致的考察，这是研究北方方言与南方方言的不同之处。南方各大方言区词汇由于语音变化巨大，很难对其历时来源进行追溯，所以研究中以对用法的共时描写居多，但北方方言特别是东北方言，虽然有些词最终没有进入普通话，但历史上是曾经大量使用过并且进入文献中的，如"盯着"的副词用法，我们就在清代的文献中找到了适当的例句，为讨论这些词的语法化过程提供了历时的材料依据。

本书的创新还体现在作者通过基础性的田野调查工作，为东北方言整个的分区提供了来源上的证据。目前对于东北方言内部的分区，[①] 基本都是将哈阜片与吉沈片分开，[②] 并且从听感上来说，哈阜片无论是声调还是用词上的确比吉沈片更加接近北京话，但形成这种现象的原因，学术界一直以来说明的都不是很透彻，缺乏强有力的历史证据。在本书的第一章中，我们在查阅了相关历史文献的基础上，结合田野调查的实际材料，得出了哈尔滨方言主要是由于京旗回屯的影响才会出现今天这种与北京话很相似的面貌，同时也由于前期迁入的"本地汉人"的大量存在，使得北京话中一些特有的儿化韵没有大量进入哈尔滨方言，这也是本书的创新处之一。

（二）本书的意义

对于本书的意义，我们觉得除了对哈尔滨方言中的语法现象进行一次较为详细的描写与解释外，更多是起到"抛砖引玉"的作用。正像钱曾怡先生在《汉语官话研究》一书中所指出的，每个地区的方言都有它独特之处，都有其自身存在的价值。东北方言由于被认为与北京官话差别甚小而一直没有获得学术界应有的重视，特别是东北方言的语法，除了在较有特色的词缀研究方面有一些成果外，其他方面均乏善可陈。本书的研究就是希望能够引起学者们特别是本地学者们的一些共鸣，积极进行东北方言特别是东北方言语法的研究工作，抢救我们身边正在急速消失的"母语"。

二 本书的不足和展望

（一）本书的不足

首先，本书没有从地域上对研究内容做更加详细的区分和对比，没有

[①] 如果将东北方言看做是北京官话一部分的话，那么就相当于整个北京官话区内部的分区。

[②] 参见《中国语言地图集》、张志敏（2005）、贺巍（1986）等。

指出相关的语法现象是哈尔滨方言中特有的还是整个东北方言中普遍存在的，但这并不影响我们对该现象的描写与解释，因此也不影响我们的相关结论。

其次，本书只是对哈尔滨方言中的语法现象做列举式的个案研究，缺乏系统性，没有从整体的角度建立哈尔滨方言自身的语法系统。脱离普通话语法框架对研究视野的"束缚"，从语义范畴出发建立一套完全符合这种方言自身语法特点的框架是现在方言语法研究的方向和目标，当然这一目标在哈尔滨方言中能否实现还有待讨论，因为哈尔滨方言乃至整个东北方言与普通话在语法上的相似度都非常高，所以其自身方言语法系统的建立或许只能是在普通话语法系统的框架内进行"微调"。

最后，本书虽然有一些方言间的对比，但很少从类型学的角度进行跨语言的研究，也缺乏对方言间相似现象的理论解释，这主要是由于笔者自身理论储备不足，希望今后随着笔者自身理论素养的提高能够使相关研究更进一步。

（二）对东北方言研究的展望

首先要做好东北方言内部差异的研究。人们一提到东北地区似乎就习惯性地将它看做是一个整体——"东北人""东北话""东北菜"，虽然在方言学中有"吉沈""哈阜"和"黑松"之分，但区分标准是值得商榷的，特别是对听感上区分度非常高的声调研究较少，这需要我们运用现代语音分析技术来重点研究东北方言内部的声调差异。

其次是要加强对方言中特色词语和结构的调查和描写。虽然东北话确实和北京话相似度很高，但也不是完全一样。即使是一个非语言学专业出身的人，从听感上也很容易就能区分出"东北人"和"北京人"，这就说明无论是从语音、词汇还是语法方面东北方言还是有其自身特点和价值的，只是需要我们更好地去挖掘和整理，而且东北方言中的很多词语可以在近代文献中找到来源，特别是明清时代的笔记小说以及朝鲜李朝时期来华人员的"燕行文献"，都可以为我们的追溯提供材料支持。

再次要注意将东北方言放在一个更广阔的视野中去研究，从理论的高度来看待东北方言中的一些特异现象，通过方言间以及不同语言间的对比来看清这些现象的本质特征。就如"AB~（的）"类状态形容词一样，单独来看较为特殊，但通过对比我们认为它只不过是表达形容词"量"

变化的形式之一，广义上可以看做是汉语中的一种曲折形式，也是汉语"形态"变化的一种表现。

  最后作者想强调一下东北方言研究的紧迫性。由于东北方言自身的特殊性质，很多东北人并没有意识到自己的语言中哪些是方言成分，哪些与普通话没有区别，因此他们也就不会有意识地去对方言成分进行保存和保护。近年来东北方言一直处于急速的消亡之中，这种消亡速度可能较之南方方言更快，所以急需本地的语言工作者进行抢救性的研究——时不我待！

附　　录

哈尔滨乃至整个黑龙江省的汉族都是后来移入的，只是时间上有差别。所以研究哈尔滨方言就必须先说清楚这段移民的历史，这对此地方言的形成具有重要参考价值。为不影响本书主体部分的结构，本人将两篇关于这一问题的论文放在书后作为附录，以飨读者。

拉林-阿勒楚喀满族京旗汉语方言岛述略

摘要：本文首先提出了拉林-阿勒楚喀京旗方言岛这一概念，指出其为清代北京闲散旗人外迁的结果。然后从该方言岛的形成、语言文化特征、濒危性质及研究意义等方面简略记述了拉林-阿勒楚喀京旗方言岛的大致情况。

关键词：拉林-阿勒楚喀；京旗；方言岛；回屯

引　　言

清代的拉林-阿勒楚喀地区不是一个严格的地理概念和行政概念，它大体相当于今天的黑龙江省哈尔滨市南岗区红旗满族乡、五常市拉林满族镇、营城子满族乡、背荫河镇、牛家满族乡和阿城区的杨树乡、蜚克图镇、料甸满族乡等。在《中国方言地图集》中，该地区属于东北官话区哈阜片的肇扶小片。

拉林-阿勒楚喀京旗则是指乾隆九年至乾隆十年（1744—1745）、乾隆二十一年至乾隆二十四年（1756—1759）及道光年间（1824年前后）从北京移驻至上述地区的闲散旗人及其后裔，他们为巩固开发东北边疆发挥了重要作用。他们的语言中不仅保存了明显的北京官话特征，同时也在一定程度上受到满语、山东方言、河北方言、黑龙江方言等的影响，逐渐演变成现在的面貌。历史上操相同或相近方言的一部分人迁入操另一种方言人的地盘，他们所带来的方言在本地方言的包围下，就如大海上的岛屿，语言学上通常称之为"方言岛"。今天的拉林-阿勒楚喀地区处在黑龙江方言的包围中，与周边方言差别明显。虽然从历史来源上看，他们应较周围汉族迁入时间更早，但从现实表现来说，其符合方言岛的存在特征，所以我们称其为拉林-阿勒楚喀满族京旗汉语方言岛。

2011年1月初，笔者来到该地区比较有代表性的五常市营城子满族乡，走访了关奇龙、付树伟、高凯、孙东波、何大忠、何春生等满族朋友，归来后结合查阅的相关历史资料完成此文。

一 拉林-阿勒楚喀京旗方言岛形成的背景、原因及过程

八旗制度是由努尔哈赤建立的、兵民一体的人口管理模式。它对满族的形成和崛起，对清王朝定鼎中原都起到了不容忽视的重要作用。入关后的满洲贵族，为了能够稳固其对汉族的统治，使八旗兵丁可以全身心地投入军事作战而无后顾之忧，他们为旗人建立了一套以官俸、兵饷、土地收益为三大支柱而又互相补充的优惠制度，以期一劳永逸地解决各级旗人的生计问题。

顺治元年（1644）清廷即下令："凡八旗壮丁，徭役、粮草、布匹，永停输纳。"① 免除了他们除兵役以外的全部义务。并为八旗官兵发放俸饷，旗人的俸饷"按月支取，如遇闰月，照兵丁例，一体支给闰饷"。② 在俸饷的数量上，"清朝马兵月支银二两。米三仓斗。步兵月支银一两五钱。米三仓斗。马春冬月支草干银一两二钱。夏秋月支银六钱"。③ "马甲每月给银三两，护军每月给银四两。皆每年给米四十八斛。核数口之家，可以充足。"④ 可见仅饷银一项，已够数口之家日常开销。同时，清朝统治者还通过圈地、占荒、罚没前朝官僚田产等途径分与旗人

---

① 《清朝通志》卷八十六，《食货略六》。
② 《钦定八旗则例》卷四，《俸饷·前锋校等官给与闰饷》。
③ 谈迁：《北游录》，《纪闻下·兵饷》。
④ 《皇朝经世文编》卷三十五，《户政十·八旗生计》。

土地,"圈顺天、永平、保定、河间之田",①"顺治元年十月户部奉谕:凡近京各州县民人,无主荒地及明朝皇亲驸马公侯伯太监等,凡殁于寇乱者,无主田地甚多,尔部概行清查……今据乾隆六十年田数,内府三旗庄田一百二十七万八千八百亩。宗室庄屯田一百三十三万三千八百二十七亩。"② 对于圈占、罚没的土地,按当时规定,每名八旗壮丁分给五垧,但因为"凡圈民地……所至村庄,相度畎亩,两骑前后率部颁绳索,以记周四围而总积之,每圈共得几百十垧……垧者,折一绳之方广,其法捷于弓丈。圈一定,则庐舍场圃,悉皆屯有。"③ 由此可以推知,当时绝大多数旗人壮丁分得的田数应远高于五垧。

　　物质上的保障虽解决了清初旗人的生计问题,对稳定局势起到了一定的作用。但其弊端也不容小觑。这种衣食住行国家"全包"的政策导致旗人丧失了自我谋生的能力,除披甲当兵外无所擅长,"我朝以武功定天下,从前各省分设驻防,原为绥靖疆域起见。迨承平既久,习为游惰,耗口粮而生齿滋繁。衣食艰窘,徒恃累代豢养之恩,不习四民谋生之业"。④ 而"三藩之乱"后几十年的休养生息,也使旗人人口迅速增长。据清朝官方统计,顺治五年(1648年)全国八旗男丁为 346931 人,到康熙六十年(1721年)已经上升为 696681 人⑤,增加了一倍多。雍正、乾隆两朝人口增长更快,"国家景运兴隆,生育繁衍。现在丁册不下数十万。每丁以数口计之。是现有数百万也。"⑥ 迅速增加的人口与兵额的相对固定,形成了越来越大的人口差。"进关前夕大约是三丁一兵,康熙年间是五丁一兵,乾隆年间是八丁一兵,以后兵的比例更小。"⑦ 披甲当兵是中下层旗人的主要就业途径,无兵可当的余丁则是无差无饷的八旗平民。闲散人口的增加,势必会加重家庭生计的困难。当年的"数口之家"现在一般都已成为一个祖孙三四代、分房有多枝的大家庭,这样的大家庭

---

① 谈迁:《北游录》,《纪闻下·圈田》。
② 俞正燮:《癸巳存稿》卷九,《旗地》。
③ 《皇朝经世文编》卷三十一,《户政六·赋役三》。
④ 《东三省政略》卷八,《旗务·黑龙江省》。
⑤ 《清初编审八旗男丁满文档案选译》,《历史档案》1988 年第 4 期。
⑥ 《皇朝经世文编》卷三十五,《户政十·八旗生计》。
⑦ 《满族简史》,中华书局 1979 年版,第 100 页。

仅靠一两个人的俸饷度日艰难程度可想而知，在无其他手艺的情况下，他们唯有靠典地为生。所以到了乾隆初年，"近京五百里旗地者，已半属于民人。"① 相当一部分中下层旗人已到了"无钱粮，而又无产业，实无糊口之资"② 的地步了。

为解决越来越多闲散旗人的生计问题，清朝统治者决定以外迁的形式使其离开京城，并给予土地、物资，变"官养"为"自养"。因外迁的地点选在满族龙兴的关外，人员又以屯垦的方式进行管理，故称之为"回屯"。乾隆六年（1741年）五月，清廷派大学士查郎阿、侍郎阿里衮前往东北勘察适合移民屯垦之所。从二人归京后的奏报中，我们可以知道，对于屯垦地点有如下一些选择："拉林、阿勒楚喀、蜚可图、呼兰等处列为上等；黑尔苏站南四家子、黑尔苏站至一统河道北、刷烟站西南与东北等处列为次等。"③ 最终，清廷确定了拉林-阿勒楚喀周围800余里土地作为移驻地点。在回屯人员上，依照"平素守分、持家勤俭"和"挑选有妻及独户之人"④ 的原则进行选派，并给以优厚待遇，每户除"照例拨给口米、马料外，另有车各二辆、银八十两"⑤。乾隆九年（1744年）七月底，回屯的准备工作基本就绪。八月二十日，首批750户京旗如期启程，当年十月下旬陆续到达。翌年，又移驻了250户⑥，两年合计移驻1000户。乾隆十八年（1753年），乾隆帝问询吉林将军傅森是否可再移驻，傅森回奏，拉林-阿勒楚喀附近土地肥沃，可垦地"计三千余顷，可设村落四十八处，足容三千户，请于现驻一千名外，再派驻三千名"⑦。但从乾隆二十一年（1756年）至乾隆二十四年（1759年），原计划分六批、每批500户的移驻计划只进行了四批共计2000户后就因为出现大量私自返京者而难以进行了。这以后又曾经有过两次规模较小的回屯，即从道光四年（1824年）开始，清廷陆续向拉林-阿勒楚喀及周边地区移驻的698户

① 《皇朝经世文编》卷三十五，《户政十·八旗生计》。
② 内阁大库档案，乾隆五年十二月十六日。
③ 一史馆藏军机处汉文录副奏折，胶片56卷，第389—393号。
④ 一史馆藏军机处满文录副奏折，第610卷10号。
⑤ 一史馆藏军机处满文录副奏折，第610卷10号。
⑥ 《清高宗实录》卷225。
⑦ 《清高宗实录》卷475。

闲散旗人①，光绪年间又移驻了9户②。当然无论从规模还是影响来说，比之乾隆朝京旗的回屯，道光和光绪年间的移驻都要逊色很多。所以拉林-阿勒楚喀京旗方言岛应主要指乾隆朝回屯的京旗后裔所形成的独特的语言文化特征。

二 拉林-阿勒楚喀京旗方言岛的语言文化特征

拉林-阿勒楚喀京旗方言岛保存有明显的满族文化特征，与周边的汉文化形成了鲜明的对比。在住房结构方面，该地仍流传着这样的顺口溜"口袋房、卍字炕，烟囱坐在地面上"。口袋房一般是指三间或五间正房，坐北朝南便于采光，均在东端南边开门，形如口袋，俗称"口袋房"，便于聚暖。卍字炕则是屋内南、西、北三面是炕，其中南北炕面积较大、供人居住，西炕则较窄，主要功能不是居住而是供神。即使今天已经不在西炕上供神，如果有人坐在西炕上，当地老人仍然会不悦。随着生活水平的提高和居住条件的改善，这种风格的老式民居已不多。在饮食方面，该地满族居民还保持着今天老北京人喝豆汁的习惯，吃饭时一般会很讲究地有四个压桌的小菜，吃盘酱不吃大酱，不常吃饺子而常吃黏豆包、年糕，这些都与周边汉族居民有明显区别。方言岛内的满族居民重视祭祖，许多居民家中都存有家谱或祖宗画像等物，一般每逢过年的时候都要请出悬挂、供奉、上香，从农历大年三十供奉到正月初六，初六的晚上才收存起来，他们称之为"悬老影儿"。从保存较好的族谱上，一般还可以比较清楚地知道该户的家世来源，如从营城子满族乡南土城村关瑞喜家的族谱上就可追溯知其家的先祖为顺治朝大将军、吏部尚书谭泰。有的满族人家还会保存有"妈妈口袋"，是将家中过世的老太太和出嫁的女儿的名字写在蓝布条上放于其中。

拉林-阿勒楚喀京旗方言岛的语言特点。对于该方面的特征，本文拟主要将其与周边汉族所操的黑龙江方言相对比。

语音上，本方言岛的声韵母系统与本省方言大致相同。林焘先生在

---

① 长顺：《吉林通志·卷29》，吉林文史出版社1986年版。
② 《清代黑龙江历史档案选编》，黑龙江人民出版社1986年版。

《北京官话区的划分》一文中曾经指出"我国东北地区绝大多数方言的声韵系统和北京城区话十分近似"①，如：不分尖团，"九"="酒"、"牵"="千"、"希"="西"，而本方言岛的声韵母系统与黑龙江方言的差别主要是：

①比较严格地区分 z、c、s 与 zh、ch、sh。黑龙江方言中存在着平翘舌相混的现象，如暂、走、税、水、春等均有发平翘舌两种音的情况。该方言岛内对该项则区分得较为清楚，各母所辖字亦与北京话相同，如"责泽淄赜"均音 z；"测策册簒"均音 c；"森所搜色"均音 s。

②黑龙江方言多数将 r 声母读作零声母，如：人=银、染=眼、让=样、软=远、肉=幼等，该方言岛内均读作 r 声。

③黑龙江方言中多数读 [v] 的合口呼字，本方言岛多数读零声母，如：u-v、ua-va、uo-vo、uai-vai、uei-vei、uan-van 等。

该方言岛与周边黑龙江方言声调区别明显。虽然都有阴平、阳平、上声、去声四种调型，但黑龙江方言音值普遍较低，大概为阴平（33 或 44）、阳平（24 或 35）、上声（212 或 213）、去声（53 或 52）②。拉林-阿勒楚喀方言岛的音高则普遍较高，上声调曲折特征明显，应该是介于黑龙江方言与老北京音之间，但更接近于北京音。

除了声韵调以外，该方言岛的满族居民发音还多儿化现象和元音鼻化现象。"儿"尾与前一语素共处于一个音节中，并使前一音节带上卷舌色彩，如"字儿、词儿、权儿、丝儿、台儿、话儿"。元音鼻化则是在儿化韵中，后鼻音韵尾的韵母儿化后，一般鼻尾消失，主元音鼻化并承担卷舌动作，这也和老北京音的特点基本相同。

词汇上，根据我们初步的走访，该方言岛的老年人仍在使用下面一些词语，年轻一代虽然知道这些词的意思，但出于与周边汉族交际方便的需要，已不常用。

方言岛所用词语	所指的器物或行为
酒砟子	装酒的塑料筒
排杈	厨房与大屋之间的松木板的隔断

---

① 林焘：《北京官话区的划分》，《方言》1987 年第 3 期。
② 郭正彦：《黑龙江方言分区略说》，《方言》1986 年第 3 期。

闹排权	指某一家老年人脾气不好
堂屋地儿	厨房
倒闸儿	建在厨房北面的小房间
下屋	仓房
苦麻儿	蒲公英（当地汉族人叫婆婆丁）
老影儿	祖先的画像
悬老影儿	祭祀祖宗
碾布	抹布
汗溻儿	凡是穿在外衣里边的衣服，不仅仅指背心塔头
草甸子	
哈塘	沼泽地
哈拉巴	肩胛骨
嘎拉哈	猪或羊后腿的关节骨
勒勒地	说话没完没了
饽饽	干粮
哈汤	道路泥泞

上述方言岛内所用词语，主要应为满语残留，本文只是拣其一二略作记录。对于生活中其他词汇的特点，还要依赖进一步的田野调查研究。

三　拉林-阿勒楚喀京旗方言岛的濒危性质及研究意义

在语言学界，濒危语言研究由于其紧迫性及濒危语言的不可复制性而日益受到人们的重视。"濒危语言"一般指的是那些使用人口很少、活力差、濒于灭绝的语言[1]。曹志耘则首次在汉语中提出了"濒危方言"的概念，并认为目前最显眼的濒危方言就是那些使用人口较少、处于强势方言包围之中的弱势方言岛[2]。这为我们界定拉林-阿勒楚喀方言的濒危性质提供了依据。

首先，该方言岛处在黑龙江方言的包围之中，方言岛内部呈现大杂居

---

[1] 韦树关：《中国濒危语言研究新进展》，《广西民族大学学报》（社会科学版）2006年第5期。

[2] 曹志耘：《关于濒危汉语方言问题》，《语言教学与研究》2001年第1期。

的状态。清代京旗回屯时,即是按八旗分旗设屯的方式驻扎,屯与屯间的距离一般为4至10公里。这种点状的分布形式为以后汉族移民的屯垦提供了空间。所以在拉林-阿勒楚喀地区的满族乡镇中,有大量操黑龙江方言的汉族居民居住。营城子满族乡满族人口聚居情况最好,可占到全乡人口的62.5%,周边其他乡镇的满族人口比例均只在30%左右,因此该方言岛不具备保存方言的人口优势。

其次,距大城市近,交通便利,人口流动性大。该方言岛的诸乡镇均在哈尔滨市区周边,其中红旗满族乡本身即隶属于哈尔滨市的南岗区,属郊区性质。其他各乡镇也隶属于哈尔滨市的所辖市县,距哈市主城区的车程只有1—2个小时。近些年随着经济的发展,该地区外出务工人员也不断增加,长时间的异地居住、经常性的人口流动都会给该方言岛的保存带来威胁。

再次,从语言自身的角度看,拉林-阿勒楚喀方言的个性正在急遽减少。由于该方言与黑龙江方言均属官话,声韵母系统基本相同,差别只是声调、儿化、鼻音等特征以及个别词语,当地满族人与汉族人使用各自方言进行交流不存在通话困难,因此黑龙江方言之于该方言,往往不是采取全盘取代的方式,而是蚕食其方言个性,日积月累,在不知不觉间使得其与黑龙江方言越来越接近了。这种蚕食方式模糊了两种方言间的分歧,与全盘取代方式一样都会把一种方言置于濒危的境地。

在走访中我们已经发现,该方言虽然一代一代地传承下来,但年龄越小的人对该方言的掌握和使用就越少。如果不采取保护和抢救措施,也许在不久的将来,该方言岛就会从人们的视线中彻底消失。

虽然拉林-阿勒楚喀方言岛处于濒危状态之中,但对它的研究确有重要意义。

第一,拉林-阿勒楚喀方言本身具有非常重要的地位,因为它是由二三百年前的北京官话发展演变而来的,保存了当时北京官话的一些语言面貌。语言史研究中的一个薄弱环节就是很难确定当时的发音情况,而该方言岛居民外迁后再未与北京居民有过大范围接触,它的发现对确定清初北京人汉语的发音情况、对研究北京官话的形成都具有重要意义。

第二,它和京旗满语、拉林地区满语(不曾入关的拉林当地满族人的语言)有着千丝万缕的联系,方言中保留的满语成分是民族语言研究的珍贵资料。同时，作为较早来到黑龙江的汉语交际人群，他们也会在一定程度上对黑龙江方言整体面貌的形成产生影响。长久以来，困扰学界以及黑龙江普通居民的一个问题就是黑龙江方言与北京官话的关系问题。也许，它的发现会成为我们研究黑龙江方言历史来源的一把钥匙。

第三，它的发现为北京官话方言岛、黑龙江方言岛的研究都增添了一项新内容。据我们所知，汉语方言岛现象在南方方言区比较多见，这是由于历史上汉族的移民造成的。而北方地区尽管历史上也有移民，但方言岛却很少见。在黑龙江省境内，目前公认的只有站话、虎林话、二屯话和太平屯话四个。黑龙江的方言岛研究还很薄弱。所以作为由满族移民保留下来的一个具有北京官话特征的方言岛，其无论对于汉语方言史的研究还是对于民族文化史的研究都具有重要意义。

第四，对它的研究具有很高的社会语言学价值。据考证，初迁拉林的满族人，不但会讲北京满语，还能讲流利的北京汉语。在嘉庆中后期，汉族居民逐渐从盛京和山东迁来此地，特别是咸丰、光绪两朝，大量的山东、河北饥民不断涌入，拉林地区逐渐由满族居住区变成满汉杂居，这一时期的居民操满汉两种语言，是典型的双语社会，直到拉宾铁路修成（1934年）通车后，满语才最后被汉语取代①。这一过程就为语言接触、语言融合的研究提供了第一手的素材。同时，在如此强势的黑龙江方言的包围之下，该方言岛如何能够较为完整地保存了下来，操该方言的人是出于怎样的心理状态和民族情感，这些都是值得我们从社会语言学角度去研究的。

（本文原载于《黑龙江民族丛刊》2011年第5期）

---

① 王晶：《拉林-阿勒楚喀京旗文化》，哈尔滨出版社2001年版。

黑龙江站话的形成与嬗变

摘要：站人是指东北地区清代驿站的站丁及其眷属；站话是指这些站丁及其后裔所使用的语言。本文是在笔者田野调查的基础上，结合一些历史材料写成的，希望能够较为清楚地说明作为一种独特的方言，站话如何能够在关内流民不断涌入的东北地区保存 300 余年之久，而且在它发展过程中，自然、民族等因素又对其产生了怎样的影响。

关键词：站人；站话；驿站；语言影响

为了了解站人这一东北特殊民系的历史及语言使用情况，笔者同南京大学文学院陈立中教授，用了 20 余天的时间，先后两次对黑龙江省肇源县茂兴镇的站话作了较为系统的调查。回来后结合陆续查找到的一些历史材料，完成此文，希望能对站话的形成过程、保存原因以及其他语言和方言对它的影响作一个较为翔实的介绍。

一 站人与站话的来源

本文所说的站人是指东北地区清代驿站的站丁及其眷属，以及他们的后裔。站话是指这些站人所使用的语言。

清代为了使全国各地的政治、军事信息能够迅捷地汇集中央，以保证中央及时地做出决策，在全国各地广设驿站，建立驿递网络。康熙二十四年（1685 年），在雅克萨之战前夕，康熙帝感到黑龙江地区"驿递关系重要，凡丈量当以五尺为度。今程途太远，令包奇等再驰驿前往，详加丈量。至是，包奇等奏，自吉林乌喇城至黑龙江城以五尺细丈，共一千三百四十里，应设十九驿"①，此为在黑龙江建立正式驿站之始。在以后的 300 余年里，站人及其后裔就在东北黑龙江这片土地上生存和繁衍起来。

研究站话的来源首先要看站人的来源，从史料上看，站人的祖先应大多是清代"三藩"叛乱中的降卒及其家眷、亲属。清初对待免死之人的

---

① 《清实录·圣祖实录》，中华书局 1985 年版，第 281 页。

处置方法是发往宁古塔给披甲人为奴。康熙二十一年（1682），为了昭示恩德，康熙下旨"以后免死减等人犯，俱着发往尚阳堡安插。其应发尚阳堡人犯，改发辽阳安插。至于反叛案内应流人犯，仍发辽阳安插，不必与新披甲人为奴"①，"三藩"叛乱中的降卒及其家眷、亲属因此得以免于沦为奴隶的命运。据《奉天通志》载："台丁、站丁等项旗人均系清初三藩降卒，当时由云南拨来八百八十四户，分布边台守边、挑壕、驿站传递文书。"② 从笔者调查的茂兴站张姓、赵姓、杨姓三氏的家谱来看，也都记载有其先人由于反叛朝廷而被从云南发送辽东充军的历史。

但并不能据此认为站话的基础是云南地区的方言，因为吴三桂从引清兵入关到康熙时反叛，前后不过几十年的时间，其麾下的部卒很多是他带到云南去的北方籍兵丁及这些兵丁的子孙。兵丁的管理比较严格，聚居一处，不会和云南地方百姓发生很多的接触，因此这些兵丁应该保存着较多的北方官话的特点。这从茂兴镇赵姓的家谱上也能得到证实。赵氏的祖籍为山西赵城，后移民到山东省莱州府平度县马戈庄。但茂兴杨氏的祖籍则是云南省贵州府。可见当时在"三藩"外放的降卒内部他们的语言也应该是混杂的。而且，充当站丁的除了"三藩"的降卒之外还有一部分关内地区发配到黑龙江的罪犯，即所谓的"流人"。据《黑龙江外记》载："旗下八部落外，来自内地编入军籍者，营站屯三项也。营，水师营也，总管治之；站，上下二十站也，站官治之；屯，官地也，屯官治之。三者流人戍卒子孙，而吴尚耿三藩旧户站上居多，故皆无仕进之例。"③对于这部分流人的来源是无从考证的，但他们却要在站话的形成过程中产生一定的影响。可以说，站话从来源上说应该是多种方言混杂而成，最初不可能是一种内部一致的较为稳定的语言。而从现在的保留情况来看，在其形成之初占主体的语音和词汇还应该是北方方言。

在站话的形成过程中，站丁的身份和工作性质起到了关键性的作用。站丁入军籍，家属随之进入黑龙江地区，逐渐形成村落，经济上基本自给自足。这些村落处于满、蒙等族居住地的包围之中，相对封闭。清政府还规定站丁不准离开居住地百里以外，使其在日常生活中只能与其他站人交

---

① 《清实录·圣祖实录》，中华书局1985年版，第29页。
② 袁森坡：《康雍乾经营与开发北疆》，中国社会科学出版社1991年版，第337页。
③ （清）西清：《黑龙江外记》，黑龙江人民出版社1984年版，第22页。

流,这也是站话能够保存下来的重要原因之一,下文还要详加叙述。工作中站丁们的职责是跑马送信,由于当时黑龙江地区人烟稀少,"三九月间,亦必走马竟日乃得到。行稍迟,或冬月日短不早发,鲜有不露宿者"①,可见站丁在递送公文过程中难以找到有人烟的地方,少有机会与站人以外的其他人交流,这使得站丁在工作中也只能是在其内部进行交流。在经历了较长时间的共同居住后,站话这种特殊的方言在站人工作和生活的交流中逐渐形成。

二 站话的保存原因

在《中国语言地图集》中,站话反映在B1东北官话图中,作为东北官话黑松片的一个方言小片,散布在从肇源向北经齐齐哈尔一直到漠河的狭长地区,以驿站为中心成点状分布。作为一种使用人数较少的方言,站话如何得以在关内流民不断涌入的东北地区保存300余年之久呢?笔者认为主要有以下三个原因。

首先是形成了独立的民系。在调查中我们发现,站人有很强的自我意识。他们通常称自己为"站人"或"站上人",而称后来进入东北地区的外来移民为"民人"或"老民人(贬称)"。虽然在光绪三十四年(1908年)就已经将站人改籍为民,但当地人仍然可以比较清楚地指出,哪家为站人的后代。可见独立民系的概念在站人心中是根深蒂固的。在民系的形成原因中,除了上面说到的他们中多数人都是当年"三藩"旧部这一共同的来源以外,通婚也是不可忽视的重要原因。虽然清政府曾经拨专款为无妻的站丁买妻子,但在村落形成之后,内部通婚就成为站人婚姻的主要形式。这是因为东北地区是满族的"龙兴之地",清政府从康熙时期就开始逐渐控制流民向东北迁徙,虽然后来封禁令的执行随着关内贫困旗人外迁而变得不再那么严格,但清政府就站人和民人不能通婚所作的规定却一直在被执行着。而且站丁生活地域十分狭窄,经济基本自给自足,和外界接触很少,这些都促使了他们在内部完成择偶。在茂兴,一直流传着"姑舅亲,辈辈亲,打断骨头连着筋"的说法。而且茂兴杨氏兆

---

① (清)杨宾:《龙江三记——柳边外记》,黑龙江人民出版社1984年版,第89页。

字辈、李氏士字辈、葛氏广字辈、姜氏守字辈、邱氏海字辈、赵氏殿字辈、王氏忠（海）字辈、张氏孝字辈都是表兄弟、表姐妹。在走访中，我们注意到经常有本地站人到某家需要分别叫夫妻为哥、姐的现象，可见站人内部通婚现象是非常广泛的。虽然后来站人被还籍为民，站人还是对后来的移民普遍抱有一种戒备心理，觉得他们"不知根知底"，所以直到20世纪四五十年代站人间通婚仍是其主要的择偶方式。独立民系的形成降低了东北官话和其他少数民族语言向站人家庭内部渗透的可能性和强度。

其次是经济上自给自足，和外界交流机会很少。黑龙江地区的驿站对于抵御沙俄的入侵起着重要的军事作用。康熙二十五年，当负责设置从吉林至黑龙江驿站的户部郎中包奇回京复命时，康熙帝问了他三个问题："驿站安设否？得成村落否？新迁驿地人民可以度日否？"① 之所以要让他们自成村落，主要是由于当时黑龙江地区经济非常落后，人烟稀少，粮食补给实在困难，国家无法为站丁及其家人的生活提供必要的物质支持，因此只能采取以站养站的方式，经济上让其自给自足。因此在建站之初，国家不但给他们买衣、盖房，还发给他们耕牛、农具，以支持和鼓励他们进行农业生产。《清实录》中有这样的记载："郎中博奇所监种田地，较诸处收获为多，足供驿站人役之口粮。博奇效力，视众为优，其令注册。此谙去诸员，可互易其地，监视耕种。"② 可见当时政府对于驿站的生存问题还是十分重视的，甚至不惜派官员进行监种。在朝廷的多方扶植下，站人独立的村落和自给自足的经济模式逐渐形成。西清所著的《黑龙江外记》载："上下站壮丁，自为聚落。每站不下百十家，皆有官房待过客。"③ 这种经济形式也使得站人能够在较少和外界交流的情况下，很好地生存下去。

再次是国家对于站人以及东北地区的管理方式。东北是满人的"龙兴之地"，清朝统治者深知，驿站对于抵御沙俄侵略，加强边疆管理的重要性。因此统治者采取了恩威并施的政策来稳定驿站人员的生活。一方面清政府发给站人农具、耕牛让其能够自给自足地生存下去。另一方面又将

---

① 《康熙起居注》，中华书局1984年版，康熙五十六年十一月二十四日。

② 《清实录·圣祖实录》，中华书局1985年版，第372页。

③ （清）西清：《黑龙江外记》，黑龙江人民出版社1984年版，第20页。

其编入军籍，以军人的身份对其进行管理。《清史编年》中有"将耿昭忠、耿聚忠等属下编为五佐领，归入正黄旗汉军旗下"①的记载。在站人中也流传着"三不准"的原则，即：站丁不准参加科举考试，不准当官，不准走出百里之外。而且站丁属于戍边军屯性质，父死子继，不准还籍为民。这些规定都将站人限制在一个点-线式的狭小区域内，只有彼此之间有交流的机会，不能自由流动。

为了加强对东北地区的开发，清初政府鼓励东北招纳流民。顺治十年（1653年），清政府正式颁布了"辽东招民受官例"，除了进行大规模有组织的官庄、屯田外，允许并鼓励民人到东北开荒种地。但自康熙时期开始，当局逐渐控制流民向东北的迁徙。到乾隆时期，更是全面封禁东北。乾隆五年（1740年）禁止关内流民出关出口。乾隆七年（1742年）三月，清政府还颁布了专门针对黑龙江地区的封禁令："黑龙江地区贸易民人，应分隶入旗查辖，初至询明居址，令五人互结注册，贸易毕促回。病故、回籍、除名，该管官月报。如犯法，将该管官查议。其久住有室及非贸易者，分别注册，回者给票，不能则量给限期，嗣后凡贸易人娶旗女、家人女、典买旗屋、私垦、租种旗地及散处村庄者，并禁。凡由奉天、船厂（吉林市）等处及出喜峰口、古北口前往黑龙江贸易者，俱呈地方官给票，至边口、关口查验，方准前往"②，连遣犯也改发关内烟瘴之地，不再发往东北。虽然这些禁令并没有取得理想的效果，但毕竟放慢了民人进入东北的脚步。在《肇源县志》中有记载的移民冒进垦荒现象直到光绪四年（1878年）才出现，"民人"进入的规模较小、时间较晚也是站话能够保存下来的一个重要原因。

三 自然环境和社会环境对站话的影响

康熙以后，由于清朝政府对东北逐步实行封禁政策，黑龙江又距离盛京较远，所以黑龙江的经济处于十分落后的状态。《黑龙江外记》载，驿

---

① 林铁钧、史松：《清史编年第二卷康熙朝》（上），中国人民大学出版社2000年版，第401页。

② 《清实录·高宗实录》，中华书局1985年版，第451页。

站之间"黄沙极目,白草蔽人,不至彼站,想闻鸡犬声不得。"① 站人当时的生活条件也很艰苦,站丁传递公文"三九月间,亦必走马竟日乃得到。行稍迟,或冬月日短不早发,鲜有不露宿者。露宿必傍山依林,近水草。年少而贱者,持斧伐木,燎火自卫,或聚石为灶,出铜锅作粥,人持一木碗啜之。雨雪至,无从避,披裘冻坐而已"。② 同时作为关内外放的移民,初来乍到时,他们不熟悉东北地区的自然环境,无法根据当地的农时来进行耕种。驿站所在的许多地方土地也很贫瘠,以肇源县为例,茂兴镇所在的肇源县,土地盐碱化严重,但在肇源县境内就有3个驿站,3个军台站。在这样的自然环境之下,站人只好种植生长期短,较易生长的植物,其中以荞麦为最多。荞面也就成了站人主要的食物原料。因此在站人的食物名称中,许多都加入"荞面"以作区别。例如:荞面猫耳朵、荞面大蒸饺、荞面条、荞面饸饹、荞面单饼(又名龙提,为二月二所吃的传统食物)。

同时东北地区天气寒冷,冬季时最低气温可以达到零下30多度,这对于从小生长在关内的外放的站人来说是极不适应的。为了增加身体的热量,增强体质,更好地抵御寒冷,站人多在食物中拌有猪油和红糖,这也在站人食物名称中留下了痕迹。如:猪油小饽饽(亦即猫耳朵)、猪油饼、猪油包子等。以上为自然环境对站人生活及站人食品词汇的影响。

茂兴站设立在黑龙江西北部这一较为特殊的地区,满、蒙古等民族在当地的势力都比较强大。据《肇源县志》记载,开创了金太祖完颜阿骨打大业的辽金出河店之战就发生在茂兴境内。元代时,肇源成为成吉思汗的三弟哈布图哈萨尔的世袭之地,顺治五年(1648年),郭尔罗斯部设前、后二旗(主要在肇源县境内),哈布图哈萨尔的十八世孙布木巴因军功被封为郭尔罗斯后旗扎萨克镇国公爵,世袭罔替③。可见这一地区蒙古族人的势力一直很强大。清代西清的《黑龙江外记》也载有"过混同江北来,直至多奈站,环站杂处皆蒙古,素与站丁往来……将军傅玉恶其生事,禁蒙古不得擅入城,偶值,即马前杖逐之"④。可见官方当时虽不鼓

---

① (清)西清:《黑龙江外记》,黑龙江人民出版社1984年版,第20页。
② (清)杨宾:《龙江三记——柳边外记》,黑龙江人民出版社1984年版,第89页。
③ 《肇源县志》(内部发行),黑龙江省肇源县地方志编审委员会办公室1985年版。
④ (清)西清:《黑龙江外记》,黑龙江人民出版社1984年版,第20页。

励站人与蒙古人之间交往，但他们之间的交往还是时有发生的。

从驿站的名称上也可看出蒙古族对于站人的影响。肇源县内有三个驿站，分别是茂兴站（茂兴苏苏，蒙古语词，是"这里的水不好"的意思）、新站（原名"乌兰诺尔"，蒙古语词，是"红色泡子"的意思）、古龙站（古鲁，该词在满语中表示"高埠"的意思，在蒙古语中表示"三个泡子"的意思）。

当然东北地区毕竟是清王朝的"祖宗肇迹兴王之所"，满族在这里的影响也是可想而知的。而且从茂兴到宁年十站，归齐齐哈尔城的南路（下站）站管管辖。从拉哈河站至瑷珲十站，归驻墨尔根城北路（上站）站管管辖，这些管理者多为满族官员，他们与站丁交往频繁，他们的语言当然对站人的语言也会产生影响。

虽然经历了几百年的发展，以及后来大量移民不断涌入，保存在站话中的蒙古语和满语词汇已经不会很多，但仍能找出一些可能来自蒙古语或满语的词。另外，站人称渔民把头为"网户搭"［$uaŋ^{213}$ xu^{53} da^{412}］，而"da"这一读音在满语中有"首领、小头目"之意，可见此词是由东北官话中的"渔民"和满语中的"小头目"复合而成。这些都可以说是满、蒙语在站话的历史中留下的印记。

（本文原载于《哈尔滨学院学报》2011年第1期）

参考文献

著作

Adele E. Goldbe、吴海波：《构式——论元结构的构式语法研究》，北京大学出版社 2007 年版。

安双城：《汉满大辞典》，辽宁民族出版社 2007 年版。

黄伯荣：《方言语法类编》，青岛出版社 1996 年版。

侯学超：《现代汉语虚词词典》，北京大学出版社 1998 年版。

李治亭：《东北通史》，中州古籍出版社 2002 年版。

李兴盛：《东北流人史》，黑龙江人民出版社 1990 年版。

刘丹青：《语序类型学与介词理论》，商务印书馆 2003 年版。

刘丹青：《语法调查研究手册》，上海教育出版社 2008 年版。

刘月华：《实用现代汉语语法》，商务印书馆 2001 年版。

吕叔湘：《现代汉语八百词》，商务印书馆 1980 年版。

吕叔湘：《中国文法要略》，商务印书馆 2014 年版。

吕叔湘、江蓝生：《近代汉语指代词》，商务印书馆 2017 年版。

鲁晓琨：《现代汉语基本助动词语义研究》，中国社会科学出版社 2004 年版。

马贝加：《近代汉语介词》，中华书局 2002 年版。

彭利贞：《现代汉语情态研究》，中国社会科学出版社 2007 年版。

屈承熹、潘文国：《汉语篇章语法》，北京语言大学出版社 2006 年版。

邵敬敏：《汉语疑问句研究》，华东师范大学出版社 1996 年版。

沈家煊：《不对称与标记论》，江苏教育出版社 1999 年版。

钱曾怡：《汉语官话方言研究》，齐鲁书社 2010 年版。
乔全生：《晋方言语法研究》，商务印书馆 2000 年版。
太田辰夫：《汉语史通考》，重庆出版社 1991 年版。
辛永芬：《浚县方言语法研究》，中华书局 2006 年版。
邢福义：《复句与关系词语》，黑龙江人民出版社 1985 年版。
徐烈炯、刘丹青：《话题的结构与功能》，上海教育出版社 2007 年版。
杨荣祥：《近代汉语副词研究》，商务印书馆 2005 年版。
尹世超：《哈尔滨市志·方言》，黑龙江人民出版社 1998 年版。
张斌：《现代汉语描写语法》，商务印书馆 2010 年版。
张伯江、方梅：《汉语功能语法研究》，江苏教育出版社 1996 年版。
张敏：《认知语言学与汉语名词短语》，中国社会科学出版社 1998 年版。
张亚军：《副词与限定描状功能》，安徽教育出版社 2002 年版。
张谊生：《现代汉语副词研究》，学林出版社 2000 年版。
张志公：《张志公文集（1）·汉语语法》，广东教育出版社 1991 年版。
朱德熙：《语法讲义》，商务印书馆 1982 年版。
周有斌：《现代汉语助动词研究》，安徽大学出版社 2010 年版。
邹韶华：《语用频率效应研究》，商务印书馆 2001 年版。

Blakemore, D：Relevance and Linguistic Meaning – The Semantics and Pragmatics of Discourse Markers, Cambridge University Press, 2002.

Bybee, J. et al：The Evolution of Grammar, The University of Chicago Press, 1994.

Grice, H, P："Logic and Conversation" In Syntax and Semantics：Speech Act . V. eds . Peter Cole and Jerry L . Morgan, Academic Press, 1975.

Lyons, J：Semantics, Cambridge University Press, 1977.

Palmer, F.R：Modality and the English Modals, (2nd ed), Longman, 1990.

Palmer, F.R：Mood and Modality, Cambridge University Press, 1986.

Schiffrin, D: Discourse Markers, Cambridge University Press, 1987.

论文集

陈一:《从引证、引借到"托势"功能——东北官话中的话语标记"讲话儿(了)"》,载《中国语言学报》(第16期),商务印书馆2014年版。

陈泽平:《福州方言的介词》,载《介词》,暨南大学出版社2000年版。

崔希亮:《事件的情态和汉语的表态系统》,载《语法研究和探索》(12),商务印书馆2003年版。

崔振华:《益阳方言的介词》,载《湖南方言的介词》,湖南师范大学出版社2009年版。

邓永红:《桂阳土话的介词》,载《湖南方言的介词》,湖南师范大学出版社2009年版。

刘永耕:《试论名词性定语的指称特点和分类》,载《面临新世纪挑战的现代汉语语法研究》,山东教育出版社2000年版。

刘月华:《动词重叠的表达功能及可重叠动词的范围》,载《语法研究和探索》(1),北京大学出版社1983年版。

马庆株:《自主动词和非自主动词》,载《著名中年语言学家自选集·马庆株卷》,安徽教育出版社2002年版。

毛秉生:《衡山方言(前山话)的介词》,载《湖南方言的介词》,湖南师范大学出版社2009年版。

彭兰玉:《衡阳方言的介词》,载《湖南方言的介词》,湖南师范大学出版社2009年版。

钱乃荣:《上海方言中的介词》,载《介词》,暨南大学出版社2000年版。

王众兴:《平江城关方言的介词》,载《湖南方言的介词》,湖南师范大学出版社2009年版。

吴启主:《常宁方言的介词》,载《湖南方言的介词》,湖南师范大学出版社2009年版。

项梦冰：《连城方言的介词"着"》，载《介词》，暨南大学出版社2000年版。

尹世超：《说"AB的"式状态形容词》，载《语法研究和探索》（八），商务印书馆1997年版。

尹世超：《哈尔滨话是和北京话最为接近的一种特大城市方言》，载《汉语语法修辞论集》，中国社会科学出版社2002年版。

张双庆：《香港粤语的介词》，载《介词》，暨南大学出版社2000年版。

张晓勤：《宁远方言的介词》，载《湖南方言的介词》，湖南师范大学出版社2009年版。

郑庆君：《常德方言的介词》，载《湖南方言的介词》，湖南师范大学出版社2009年版。

曾毅平、石城：《（龙岗）方言的介词》，载《介词》，暨南大学出版社2000年版。

朱德熙：《现代汉语形容词研究》，载《现代汉语语法研究》，商务印书馆1980年版。

邹韶华：《中性词语义偏移的原因及其对语言结构的影响》，载《语法研究与探索》（四），北京大学出版社1988年版。

Langacker. R. W: Syntactic reanalysis, Mechanisms of syntactic change, University of Texas Press, 1977.

会议论文

吴福祥：《南方民族语言里若干接触引发的语法化过程》，第6届汉语语法化国际学术讨论会，北京，2007年。

学位论文

刘街生：《现代汉语同位组构研究——汉语作为语用敏感型语言的一个实例分析》，博士学位论文，华中师范大学，2000年。

马彪：《汉语状态词缀及其类型学特征——兼与其他民族语言比较》，

博士学位论文,中央民族大学,2007年。

殷树林:《现代汉语反问句研究》,博士学位论文,福建师范大学,2006年。

于天昱:《现代汉语反问句研究》,博士学位论文,中央民族大学,2007年。

邹德文:《清代东北方言语音研究》,博士学位论文,吉林大学,2009年。

期刊中析出的文献

常宝儒:《词的理解、记忆和保持》,《语言教学与研究》1989年第2期。

陈海忠:《潮汕方言介词例释》,《汕头大学学报(人文社会科学版)增刊》2003年第19期。

陈瑶:《祁门方言中"着"字的特殊用法》,《贵阳金筑大学学报》2005年第4期。

程书秋:《东北方言口语中一种特殊的形容词异变格式》,《汉语学报》2014第2期。

程时用:《湖北阳新方言中"到"字的用法》,《现代语文》2008年第10期。

迟永长:《辽西话表可能的语尾助词"了"(liǎo)》,《辽宁师范大学学报》(社会科学版)2010年第6期。

褚晶:《山东枣庄方言中的介词"搁"》,《现代语文》2006年第7期。

崔蕾:《小议东北方言泛义动词"整"》,《吉林师范大学学报》(人文社会科学版)2008年第3期。

崔希亮:《语气词"哈"的情态意义和功能》,《语言教学与研究》2011年第4期。

邓凌云:《双峰甘棠方言介词研究》,《零陵学院学报(教育科学)》2004年第6期。

邓少君:《广州话形容词表示程度差异的方式》,《语文研究》1994

年第 3 期。

雕珺：《安徽芜湖方言"得"字的几种用法》，《淮北煤炭师范学院学报》（哲学社会科学版）2006 年第 4 期。

董秀芳：《"X 说"的词汇化》，《语言科学》2003 年第 2 期。

董秀芳：《词汇化与话语标记的形成》，《世界汉语教学》2007 第 1 期。

董正存：《情态副词"反正"的用法及相关问题研究》，《语文研究》2008 年第 2 期。

方梅：《篇章语法与汉语篇章语法研究》，《中国社会科学》2005 年第 6 期。

高晶一：《从沈阳话单字双音节白读看其塞尾音的遗存》，《语言研究》2013 年第 4 期。

顾静瑶：《东北方言中"整"的语法功能分析》，《新余学院学报》2014 年第 5 期。

谷向伟：《河南林州方言中表可能的情态助词"咾"》，《殷都学刊》2006 年第 4 期。

郭继懋、沈红丹：《"外人"模式与"人家"的语义特点》，《世界汉语教学》2004 年第 1 期。

郭锐：《"吗"问句的确信度和回答方式》，《世界汉语教学》2000 年第 2 期。

何文彬：《论语气助词"了"的主观性》，《语言研究》2013 年第 1 期。

贺阳：《北京话的语气词"哈"字》，《方言》1994 年第 1 期。

贺巍：《东北官话的分区（稿）》，《方言》1986 年第 3 期。

华玉明、马庆株：《重音式和轻声式动词重叠的功能差异及其理据》，《语文研究》2007 年第 4 期。

黄晓惠：《现代汉语差比格式的来源及演变》，《中国语文》2002 年第 3 期。

侯精一：《平遥方言的动补式》，《语文研究》1981 年第 2 期。

江蓝生：《"动词+X+地点词"句型中介词"的"探源》，《古汉语研究》1994 年第 4 期。

康瑞琮：《东北方言中的反复问句》，《天津师范大学学报》1987 年第

3 期。

柯理思：《北方官话里表示可能的动词词尾"了"》，《中国语文》1995 年第 4 期。

李改样：《芮城方言常用介词浅析》，《语文研究》1999 年第 1 期。

李讷、安珊笛、张伯江：《从话语角度论证语气词"的"》，《中国语文》1998 年第 2 期。

李讷、石毓智：《汉语比较句擅变的动因》，《世界汉语教学》1998 年第 3 期。

李先银：《容器隐喻与"有+抽象名词"的量性特征——兼论"有+抽象名词"的属性化》，《语言教学与研究》2012 年第 5 期。

李小军：《语法化演变中音变对义变的影响》，《汉语学报》2014 年第 2 期。

李小梅：《单音节形容词叠音后缀 55 调辨》，《中国语文》2000 年第 2 期。

李作南、李仁孝：《论汉语第一人称代词的发展和蒙语对它的影响》，《内蒙古大学学报》（哲学社会科学版）1993 年第 4 期。

梁玉琳：《从论元的角度看东北方言中"整"字的应用》，《大学英语》（学术版）2009 年第 1 期。

林连通：《永春话单音形容词表程度的几种形式》，《中国语文》1982 年第 4 期。

林焘：《北京官话溯源》，《中国语文》1987 年第 3 期。

刘翠香：《山东栖霞方言中表示处所/时间的介词》，《方言》2004 年第 2 期。

刘丹青：《汉语是一种动词型语言——试说动词型语言和名词型语言的类型差异》，《世界汉语教学》2010 年第 1 期。

刘丹青、唐正大：《话题焦点敏感算子"可"的研究》，《世界汉语教学》2001 年第 3 期。

刘珊珊：《浅析东北方言中的词缀"巴"》，《科技创新与应用》2013 年第 5 期。

卢英顺：《谈谈"了1"和"了2"的区别方法》，《中国语文》1991 年第 4 期。

陆丙甫：《"的"的基本功能和派生功能——从描写性到区别性再到指称性》，《世界汉语教学》2003 年第 1 期。

陆俭明：《说量度形容词》，《语言教学与研究》1989 年第 3 期。

罗自群：《"著（着）+处所词"在共时平面中的两种句法位置》，《汉语学习》2007 年第 5 期。

彭永昭：《重庆方言中的几个语气词》，《重庆师范大学学报》1988 年第 2 期。

邱广君：《谈东北方言中的后缀"巴（儿）"》，《汉语学习》1998 年第 5 期。

邵敬敏：《论"太"修饰形容词的动态变化现象》，《汉语学习》2007 年第 1 期。

邵敬敏、周娟：《汉语方言正反问的类型学比较》，《暨南学报》（哲学社会科学版）2007 年第 2 期。

沈家煊：《不加说明的话题——从"对答"看"话题—说明"》，《中国语文》1989 年第 5 期。

沈家煊：《"语法化"研究综观》，《外语教学与研究》1994 年第 4 期。

沈家煊：《"有界"与"无界"》，《中国语文》1995 年第 5 期。

盛丽春、韩梅、俞咏梅：《东北方言的语义分类——以东北方言中带后缀"巴"的词语为例》，《长春师范学院学报》2007 年第 5 期。

石毓智：《论"的"的语法功能的同一性》，《世界汉语教学》2000 年第 1 期。

石毓智：《汉语方言中动词重叠的语法意义和功能差别》，《汉语学报》2007 年第 4 期。

史佩信：《比字句溯源》，《中国语文》1993 年第 6 期。

孙利萍：《北方方言中表可能的"了"的历时演变》，《华侨大学学报》（哲学社会科学版）2008 年第 2 期。

孙也平、冯文洁：《黑龙江方言多音后附式形容词探源》，《大庆高等专科学校学报》1995 年第 3 期。

陶玲：《程度副词"贼"的语法化分析》，《凯里学院学报》2011 年第 4 期。

田希诚：《临汾方言语法的几个特点》，《语文研究》1981 年第 2 期。

汪如东：《江淮泰如片方言的"V+啊+处所词"结构》，《东南大学学报》（哲学社会科学版）2009 年第 6 期。

王凤兰：《谈东北方言中的万能动词"整"》，《长春师范学院学报》2007 年第 11 期。

王光全：《东北方言的几个语法问题》，《吉林师范学院学报》1991 年第 2 期。

王光全：《也论"一 X 就 Y"结构》，《汉语学报》2005 年第 3 期。

王海峰：《现代汉语离合词离析动因刍议》，《语文研究》2002 年第 3 期。

王华、李桢：《副词"贼"之语法特征及其他》，《重庆邮电学院学报》（社会科学版）2005 年第 5 期。

王红梅：《吉林洮南方言中的后缀"的"》，《北方论丛》2003 年第 6 期。

王红梅：《东北方言中表持续的动词重叠》，《广西社会科学》2005 年第 3 期。

王立和：《带"巴"尾动词初探》，《汉语学习》1983 年第 1 期。

王双成：《西宁方言的介词类型》，《中国语文》2012 年第 5 期。

王素改：《说程度副词"可"》，《兰州学刊》2011 年第 8 期。

王衍军：《〈醒世姻缘传〉中的［VC 了］式能性述补结构》，《方言》2011 年第 3 期。

吴福祥：《汉语能性述补结构"V 得/不 C"的语法化》，《中国语文》2002 年第 1 期。

吴福祥：《语法化的新视野——接触引发的语法化》，《当代语言学》2009 年第 3 期。

吴福祥：《多功能语素与语义图模型》，《语言研究》2011 年第 1 期。

吴晓红：《安徽颍上方言中"搁"字的语法特色》，《皖西学院学报》2009 年第 3 期。

温锁林：《从"含蓄原则"看"有+NP"的语义偏移现象》，《汉语学报》2014 年第 1 期。

夏历、李霞：《沈阳市民"我"和"咱"使用的地域特色与文化解读》，《文化学刊》2013 年第 6 期。

邢娜：《东北方言之"整"字探源》，《北方文学》（下半月）2012 年第 5 期。

徐丹：《关于汉语里"动词+X+地点词"的句型》，《中国语文》1994 年第 3 期。

徐晶凝：《关于程度副词的对外汉语教学》，《南开学报》1998 年第 5 期。

徐复岭：《济宁方言语法特点撮要》，《济宁师专学报》2002 年第 1 期。

杨春宇：《东北方言中的泛义动词"整"和"造"》，《大连大学学报》2013 年第 2 期。

殷树林：《说话语标记"不是"》，《汉语学习》2011 年第 1 期。

尹世超：《说语气词"哈"和"哈"字句》，《方言》1999 年第 2 期。

尹世超：《东北官话的介词》，《方言》2004 年第 2 期。

尹世超：《东北官话的"咋"及相关词语与格式》，《语文研究》2008 年第 1 期。

尹世超：《"那"字应答句》，《语言文字应用》2009 年第 1 期。

于欢：《对东北方言"整"的语义、语法、语用分析》，《辽宁教育行政学院学报》2011 年第 1 期。

袁毓林：《从焦点理论看句尾"的"的句法语义功能》，《中国语文》2003 年第 1 期。

乐耀：《国内传信范畴研究综述》，《汉语学习》2011 年第 1 期。

郑天刚：《"太 P"短语和程度常态》，《语言教学与研究》2005 年第 2 期。

周小兵：《论现代汉语的程度副词》，《中国语文》1995 年第 2 期。

朱德熙：《现代汉语形容词研究》，《语言研究》1956 年第 1 期。

朱德熙：《自指和转指——汉语名词化标记"的、者、所、之"的语法功能和语义功能》，《方言》1983 年第 1 期。

朱德熙：《从方言和历史看状态形容词的名词化》，《方言》1993 年第 2 期。

朱冠明：《情态动词"必须"的形成和发展》，《语言科学》2005 年第 3 期。

朱铭：《关联推理中的话语标记语的语用研究》，《安徽工业大学学报》2005 年第 5 期。

翟建慧：《论"著（着）"语法化的南北差异》，《重庆邮电大学学报》（社会科学版）2007 年第 1 期。

张国宪：《状态形容词的界定和语法特征描述》，《语言科学》2007 年第 1 期。

张国宪：《单双音节动作动词语用动能差异探索》，《汉语学习》1989 年第 6 期。

张家骅：《"标尺两极"规律与词汇语义偏移》，《中国俄语教学》2001 年第 4 期。

张虹：《商河方言的几个介词》，《现代语文》2006 年第 3 期。

张清源：《论成都话"在"的趋向、位移用法——兼论普通话动词后"在"与"到"的性质》，《中国语文》1997 年第 6 期。

张万有：《方言动词"整"简说》，《昭乌达蒙族师专学报》（汉文哲学社会科学版）1999 年第 1 期。

张先亮：《"可不是"的语篇功能及词汇化》，《世界汉语教学》2011 年第 2 期。

张小克：《长沙方言的介词》，《方言》2002 年第 4 期。

张志敏：《东北官话的分区（稿）》，《方言》2005 年第 2 期。

周红：《从概念整合理论角度看东北方言"整"的语义阐释》，《沈阳农业大学学报》（社会科学版）2011 年第 3 期。

庄初升：《闽语平和方言的介词》，《韶关大学学报》（社会科学版）1998 年第 4 期。

邹韶华：《名词在特定语境中的语义偏移现象》，《中国语文》1986 年第 4 期。

邹韶华：《中性词语义偏移的类型与成因》，《外语学刊》2007 年第 6 期。

Boucher&Osgood：The polllyanna Hypothesis，Journal of Verbal Learning and Verbal Behavior，1969（8）.

Givón. T：Historical Syntax and Synchronic Morphology：An Archaeologist's Field Trip，Chicago Linguistic Society，1971（7）.

后　　记

　　论文写到"后记",似乎应该轻松许多了。但此时我的心里却是五味杂陈,读博四年,虽未书破万卷、笔秃千支,但秉烛夜读、食不甘味倒也是常态,能有这份坚持,应该感谢那些关心、帮助、支持过我的人们。

　　首先要感谢我的导师柳英绿先生。先生知识广博、为人谦和,与先生相识不觉已是十年之前,那时先生就曾给我诸多的支持和鼓励,但我由于个人原因未能直接继续深造。转眼寒暑数年,再次投考先生门下,先生未责备我当年的"失约",宽厚地接纳了我,才使我有机会忝列柳门。先生虽已年过花甲,但他的课堂却从不缺少前沿理论,不断更新知识是先生给我留下的最深刻印象。先生曾慨叹岁月蹉跎,白内障的眼疾让他要用一个月时间才能看完一本形式句法方面的书籍,每每想到此事我都为自己读书时的倦怠而感到如芒在背。先生严谨的治学精神,令我没齿难忘,先生如父般的关爱,永忆山高水长。

　　在我即将迎来求学路上又一个重要节点之际,我还要特别感谢我的硕士研究生导师邹韶华先生。邹先生是我语言研究道路上的领路人,虽然我已离开黑大多年,但先生一直都在关心我的学习和生活,鼓励我在学术上应该有所建树。先生已过古稀之年,每次去看望,我都忍不住要请教些问题,看到先生以羸弱的身体还要为我思考解答,真的于心不忍,但下一次我又会控制不住,问题脱口而出。所以时至今日面对自己乏善可陈的成果,实在让我愧对先生的一片栽培之心,唯愿先生身体康泰、福寿绵长!

　　在吉大求学的四年里,我还得到了吕明臣教授、王光全教授、刘富华教授、岳辉教授等诸位先生的指点和帮助,各位先生在各自领域的成就令人敬仰,对我的教导也令学生受益终生。

　　在我读博期间,黑龙江大学的殷树林师兄、白少辉师兄,重庆师范大学的朱怀师兄,吉林大学的刘立成师兄,河北工业大学的石彦霞师姐,哈尔滨师范大学的薄刚师兄、李振东师兄，我硕士期间的同学梁晓玲博士、史维国博士，都给了我诸多的支持和鼓励，在此一并谢过。我博士期间的同学关黑拽、朱红、崔艳、李枫、杨颖虹等，我们一起度过了紧张又充实的博士生涯，你们于我都是一生的宝贵财富。

转眼当了二十六载的学生，我虽已过而立之年，但家中诸事还劳烦父母挂念，心中甚是难过。每每看到父亲那满头的白发，母亲那苍老的面颊，都让我觉得自己作为儿子，承担的家庭重担实在有些少，只能希望我在学业上的每一个脚印可以给二老带去精神上的些许欢愉，聊补儿子亏欠的孝道。

爱妻李爽在我读博期间承担起了全部的家务重担。女儿子衿在我备考时出生，在我行将毕业时已四岁过半，亲老子幼家庭琐事可想而知，但吾妻从没有半句怨言，默默的付出让我心中感激万分。

最后，感谢所有曾经帮助过我的人，我的读博之路因为有你而风光无限，感恩一路有你！

刘宇

2015 年 1 月 2 日